El Imperio otomano

Una guía apasionante de una de las dinastías más poderosas y longevas de la historia mundial

© Copyright 2023

Todos los derechos reservados. Ninguna parte de este libro puede ser reproducida de ninguna forma sin el permiso escrito del autor. Los revisores pueden citar breves pasajes en las reseñas.

Descargo de responsabilidad: Ninguna parte de esta publicación puede ser reproducida o transmitida de ninguna forma o por ningún medio, mecánico o electrónico, incluyendo fotocopias o grabaciones, o por ningún sistema de almacenamiento y recuperación de información, o transmitida por correo electrónico sin permiso escrito del editor.

Si bien se ha hecho todo lo posible por verificar la información proporcionada en esta publicación, ni el autor ni el editor asumen responsabilidad alguna por los errores, omisiones o interpretaciones contrarias al tema aquí tratado.

Este libro es solo para fines de entretenimiento. Las opiniones expresadas son únicamente las del autor y no deben tomarse como instrucciones u órdenes de expertos. El lector es responsable de sus propias acciones.

La adhesión a todas las leyes y regulaciones aplicables, incluyendo las leyes internacionales, federales, estatales y locales que rigen la concesión de licencias profesionales, las prácticas comerciales, la publicidad y todos los demás aspectos de la realización de negocios en los EE. UU., Canadá, Reino Unido o cualquier otra jurisdicción es responsabilidad exclusiva del comprador o del lector.

Ni el autor ni el editor asumen responsabilidad alguna en nombre del comprador o lector de estos materiales. Cualquier desaire percibido de cualquier individuo u organización es puramente involuntario.

Índice

INTRODUCCIÓN 1
CAPÍTULO UNO - LA LLEGADA DE LOS TURCOS A ANATOLIA 4
CAPÍTULO DOS - EL ASCENSO DE LOS OTOMANOS 10
CAPÍTULO TRES - LOS DESAFÍOS DEL IMPERIO 20
CAPÍTULO CUATRO - EL IMPERIO OTOMANO 30
CAPÍTULO CINCO - DECLIVE DEL IMPERIO 55
CAPÍTULO SEIS - LAS PRIMERAS PÉRDIDAS DEL IMPERIO 66
CAPÍTULO SIETE - EL ENFERMO DE EUROPA 77
CONCLUSIÓN 102
VEA MÁS LIBROS ESCRITOS POR ENTHRALLING HISTORY 104
FUENTES 105

Introducción

El Imperio otomano es sin duda una de las entidades políticas más interesantes que han emergido en la historia mundial. Surgidos de las cenizas de Anatolia, un lugar donde diferentes reinos y culturas se habían enfrentado por el dominio durante siglos, los otomanos consiguieron subyugar rápidamente a sus vecinos inmediatos y expandir su imperio lo suficiente como para incluir gran parte de los actuales Balcanes, la costa norteafricana, Oriente Próximo y Arabia. En su apogeo, el Imperio otomano ostentaba un inmenso poder sobre sus súbditos y era temido por su excelente ejército, su fuerte economía y su eficaz sistema político, que permitieron al imperio persistir durante más de seis siglos. El surgimiento de los otomanos como un formidable imperio europeo en el siglo XVI a partir de un pequeño principado en el siglo XII es un fenómeno muy interesante para los historiadores. Y, por supuesto, también es un tema interesante para lectores curiosos de todas las edades e intereses.

Pero, ¿cómo consiguieron los otomanos hacerse tan fuertes? ¿Qué factores propiciaron sus rápidas conquistas y qué aspecto tenía el imperio en el apogeo de su poder? ¿Y cuáles fueron las causas de su lento y doloroso declive y su disolución tras la Primera Guerra Mundial? Estas son las preguntas a las que este libro tratará de dar respuesta. Exploraremos la historia del Imperio otomano, desde sus profundas y ambiguas raíces en la península de Anatolia hasta su colapso en el siglo XX.

Los primeros capítulos del libro abarcarán la llegada de los pueblos nómadas turcos a Anatolia y su ascenso al poder en un entorno competitivo contra el poderoso Bizancio. Los primeros capítulos repasarán brevemente acontecimientos importantes, como la batalla de Manzikert, y concluirán con las exitosas conquistas de los turcos selyúcidas y la formación del sultanato de Rum, que rápidamente se convirtió en un rival temible para el Imperio bizantino. El sultanato no solo debilitó significativamente a los bizantinos, alterando el equilibrio de poder en la región, sino que también sirvió como una especie de predecesor del Imperio otomano, que se forjó sobre los restos del sultanato.

La parte central del libro trata de la expansión de los otomanos, que pasaron de ser un único principado a convertirse en el actor más poderoso de toda Anatolia. Aquí exploraremos algunas de las principales figuras que ayudaron a establecer a los otomanos como un actor dominante en la política regional y, gracias a continuas victorias, contribuyeron a diversas conquistas contra el Imperio bizantino, que por aquel entonces contaba sus últimos días. En el siglo XV, la expansión exponencial del Imperio otomano había provocado la completa aniquilación de los bizantinos, que fueron finalmente subyugados con la caída de Constantinopla en 1453, uno de los acontecimientos más significativos de la historia mundial. Contra todo pronóstico, los otomanos consiguieron derrotar a un antiguo imperio y convertirse en una fuerza a tener en cuenta. El Imperio otomano llegó a ostentar el título de califato —el Estado islámico más poderoso del mundo— y se extendió por un vasto territorio que abarcaba gran parte de tres continentes.

Sin embargo, a estos maravillosos logros seguiría un pequeño periodo de estancamiento y reforma, que obligó a los otomanos a enfrentarse a muchos de los problemas administrativos inherentes al gobierno de un imperio grande y diverso. En lugar de confiar en la expansión exterior, los otomanos intentaron consolidar el poder en el interior.

Finalmente, los últimos capítulos del libro abordarán el declive gradual que experimentó el Imperio otomano desde finales del siglo XVIII hasta la Primera Guerra Mundial y su posterior colapso tras el Tratado de Versalles. En estos capítulos se examinarán más de cerca los acontecimientos sociopolíticos que dificultaron al imperio los avances necesarios para modernizarse, a diferencia de la mayoría de sus homólogos europeos. La ola de nacionalismo liberal que se inició tras la

Revolución francesa y se extendió por Europa resultó demasiado difícil de manejar para los otomanos. Dado que el imperio incluía a personas de distintos orígenes étnicos, religiosos y nacionales, tenía que renunciar al firme control que ejercía sobre sus súbditos o, por el contrario, estrechar el cerco y gobernar con puño de hierro.

Al final, el Imperio otomano fue una víctima del revolucionario siglo XIX, una época en la que muchos otros imperios iniciaron su rápida desaparición porque eran incapaces de seguir el ritmo de sus competidores. El libro concluirá con las implicaciones de la Primera Guerra Mundial y la creación de la República de Turquía, el principal Estado sucesor del Imperio otomano.

Capítulo Uno - La llegada de los turcos a Anatolia

Este capítulo introductorio abordará la migración de los antepasados del Imperio otomano a la península de Anatolia entre los siglos VIII y X y la creación de los primeros estados túrquicos que desafiaron al Imperio bizantino. La llegada de los turcos a Anatolia fue uno de los cambios demográficos más importantes de la época medieval, con resultados que afectaron al mundo durante muchos siglos. Para comprender mejor la historia temprana del Imperio otomano, es vital tener una idea de lo que ocurría en la región antes de la llegada de los otomanos al poder.

Primeros indicios de «turquización»

Las crónicas bizantinas del siglo XIV utilizaron por primera vez el término «turquización», que describe el proceso de «convertirse en turcos». Para entonces, el impacto de los pueblos túrquicos sobre el Imperio bizantino y el resto de Asia Menor era evidente. Pero, ¿quiénes son exactamente los pueblos túrquicos y cómo llegaron a Anatolia, donde sentaron las bases del Imperio otomano?

El origen exacto de los turcos, al igual que el de muchos otros pueblos de Asia central y nororiental, es desconocido. Historiadores y antropólogos han especulado con que los pueblos túrquicos habitaban en algún lugar al este del mar Caspio, en la zona conocida como las estepas transcaspias. Se cree que son parientes de las tribus hunas, que emigraron hacia el oeste a partir del siglo IV y acabaron llegando a Europa. Las similitudes entre los turcos y los hunos son evidentes, desde su aspecto hasta sus lenguas habladas, pero quizá sean más obvias en lo que respecta a las estructuras de sus sociedades. Los pueblos del centro y noreste de Asia vivían de forma nómada, dependían en gran medida de sus caballos y estaban en constante movimiento, por lo que adoptaron la agricultura más tarde que otras civilizaciones. Organizados en estrictas sociedades jerárquicas, se convirtieron rápidamente en maestros de la guerra ecuestre y dominaron las tierras vecinas, saqueando y arrasando todo a su paso.

Los turcos emigraron en diferentes oleadas desde las estepas transcaspias, llegando no solo a Oriente Próximo y finalmente a Anatolia, sino también asentándose al norte del Cáucaso, en los campos abiertos de la actual Rusia central. Se cree que la escasez de pastos y la fuerte competencia entre las tribus locales hicieron que empezaran a desplazarse en masa hacia el oeste. Tras afluir a Irán, una fuerte confederación de turcos selyúcidas y oguz derrotaron a la oposición local que encontraron e iniciaron el proceso de «turquización» del pueblo iraní, que no se limitó a la conquista de territorio. Los turcos introdujeron a miles de personas en su cultura, costumbres, tradiciones y lengua, convirtiéndose en una fuerza a tener en cuenta en el noreste de Irán en el año 1040.

Bajo el liderazgo de Toğrul, los turcos selyúcidas consiguieron abrumar rápidamente al pueblo iraní, gracias a su superioridad militar, y subyugaron a los habitantes de la región de Jorasán, la meseta oriental de Irán que servía de puerta de entrada entre Asia occidental y central. Los selyúcidas imponían tributos a los conquistados y controlaban las rutas comerciales que atravesaban la región. Los selyúcidas se expandieron gradualmente hasta alcanzar la ciudad de Bagdad en 1055, donde derrotaron a los árabes del califato abasí y se convirtieron al islam. Como nuevo sultán, Toğrul juró dedicar su vida a alcanzar la gloria en nombre del islam y se comprometió a defender y expandir la fe islámica suní.

El imperio selyúcida

Los turcos selyúcidas, que sustituyeron a los árabes como el pueblo islámico más dominante, se convirtieron rápidamente en una superpotencia regional y desafiaron a sus rivales por el dominio. Sin embargo, a pesar de su destreza militar, el imperio no tardaría en mostrar sus defectos, innatos a sus orígenes tribales jerárquicos. Tras la muerte de Toğrul en 1063, los selyúcidas se sumieron en el caos por la sucesión, ya que el nuevo sultán y las distintas facciones lucharon por el trono durante aproximadamente un año. Al final, el sobrino de Toğrul, Alp Arslan, logró convertirse en el nuevo sultán y gobernó hasta el año 1072.

Alp Arslan dirigió a los selyúcidas en múltiples guerras ofensivas, expandiendo el imperio hacia el sur y el oeste del mar Caspio y llegando hasta las actuales Armenia y Azerbaiyán, conquistadas fácilmente por los selyúcidas. Durante su reinado, el imperio compartió frontera con el poderoso Imperio bizantino, que era una amenaza directa y un rival a los ojos de los selyúcidas. Ambos bandos se enfrentaron en pequeñas escaramuzas muchas veces, considerándose mutuamente hostiles, pero los turcos triunfaron en la decisiva batalla de Manzikert en 1071, derrotando a un ejército bizantino mucho mayor y capturando al emperador Romano IV Diógenes. Aunque el emperador acabaría siendo liberado tras solo una semana de cautiverio, semejante derrota de los bizantinos marcó el inicio de un largo proceso de desaparición de estos y la aparición de nuevas potencias regionales que ocuparon su lugar.

Tras los sucesos de Manzikert, a pesar de que ambas partes habían acordado una tregua temporal, los turcos asaltaron constantemente las provincias bizantinas orientales. Eran implacables, saqueaban e incendiaban pequeños asentamientos y se apoderaban de botines y cientos de personas para venderlas como esclavos. El Imperio bizantino no podía hacer nada para detenerlos, ya que carecía de los medios necesarios para derrotar a los selyúcidas en una batalla abierta. Los turcos, por su parte, continuaron su expansión y no solo se convirtieron en un problema en Anatolia, sino que también llegaron a Tierra Santa y capturaron varias grandes ciudades, entre ellas Jerusalén. Bajo el mando de Malik Shah, que sucedió a Alp Arslan en 1072, los selyúcidas invadieron Georgia y unificaron todo Irán. Fue una época dorada para los turcos, que lograron importantes avances sociales y políticos, como la apertura de la universidad de Al-Nizamiyya en Bagdad.

La segunda mitad del siglo XI resultó ser una época magnífica para los selyúcidas, pero al final provocó una reacción bien merecida por parte de Occidente. Respondiendo a la llamada de los bizantinos, acosados durante décadas por la dominación turca, y conmocionados por la caída de Jerusalén, el papa Urbano II unió a los cristianos europeos para lanzar la primera cruzada en 1096, con el objetivo de liberar Tierra Santa.

Sultanato de Rum

El reinado de Malik Shah y sus predecesores había tenido tanto éxito que el Imperio selyúcida se enfrentó al problema de la sobreextensión. A pesar de los recientes avances, la estructura de la sociedad turca aún no era tan avanzada como la de las naciones europeas, por lo que el gobierno de los territorios recién adquiridos resultaba cada vez más difícil. Esto, unido a la crisis sucesoria que estalló tras la muerte de Malik Shah, provocó la división del imperio en múltiples entidades políticas más pequeñas. Surgieron nuevos gobernantes en Siria, Irak, Persia y Anatolia, y aunque eran descendientes de los selyúcidas, empezaron a actuar por separado, llegando a elegir la hostilidad frente a la cooperación en múltiples ocasiones.

Quizá el estado más conocido que estaba firmemente establecido a finales del siglo XI era el sultanato de Rum, en Anatolia. Los selyúcidas de Anatolia habían sido en gran medida autónomos del centro del imperio desde la victoria de Manzikert y habían perseguido la «turquización» de las tierras bizantinas desde finales de la década de 1070. El nombre «Rum» fue adoptado del término persa medio y se refería al pueblo romano que habitaba las tierras de Asia Menor bajo los bizantinos.

El sultanato de Rum, o sultanato de los romanos, creció rápidamente en poder como rival directo del Imperio bizantino a principios del siglo XI. Debido a los crecientes esfuerzos del sultanato por socavar el dominio bizantino e imponer el suyo propio, los europeos lanzaron la primera cruzada, tratando de prestar una ayuda muy necesaria a los bizantinos en su lucha contra su enemigo musulmán.

El sultanato de Rum es importante, al menos en nuestro caso, porque se considera el predecesor del Imperio otomano, que más tarde creció a partir de un único principado tras la disolución del sultanato de Rum y la división de las tierras de Anatolia. Sin embargo, durante los primeros cien años de existencia del sultanato de Rum, este dominó el Imperio bizantino y se apoderó de la mayoría de sus ciudades orientales.

La capital del sultanato se estableció en Iconio, justo en su centro, y a partir de principios del siglo XII, el sultanato se expandió en todas direcciones, llegando a extender sus fronteras desde la ciudad portuaria de Sinope, en el mar Negro, hasta el Mediterráneo, en el sur.

Mapa de Anatolia y los Balcanes en 1097
https://commons.wikimedia.org/wiki/File:Anatoliabeforecrusade.svg

El sultanato de Rum, que siguió luchando en nombre del islam sunní al más puro estilo selyúcida, no solo introdujo el islam en la región, sino que también estableció el marco jurídico y administrativo musulmán que más tarde utilizarían los otomanos. El dominio de las tierras de Anatolia y el control de las rutas comerciales también permitieron que cada vez más selyúcidas emigraran a la región, ya que su clima parecía más adecuado para su estilo de vida pastoril. Esta oleada migratoria transformó por completo la estructura étnica, religiosa y lingüística de la región, disminuyendo la importancia del griego, que se hablaba como lengua principal en gran parte del mundo helénico. El árabe y el persa también eran lenguas destacadas, pero cuando los otomanos de habla turca sustituyeron a la dinastía gobernante a principios del siglo XIV, el turco se convirtió en la lengua más utilizada.

Aunque el sultanato de Rum aumentó considerablemente sus posesiones territoriales, también fue el principal protector del pueblo islámico durante las cruzadas. Los líderes de las cruzadas siempre organizaron sus rutas hacia Tierra Santa a través de las tierras de Anatolia, lo que significaba que a menudo se enfrentaban a los turcos en batallas para llegar a Jerusalén. Aunque, en un principio, los selyúcidas obtuvieron algunas victorias, los ingentes recursos que los estados cristianos dedicaron a sus expediciones hicieron que los enfrentamientos fueran casi inútiles. Los ejércitos cristianos parecían no detenerse nunca, y los turcos no tardaron en darse cuenta de que la interrupción de sus líneas de suministro, así como las tácticas de ataque y huida serían la mejor manera de contrarrestar a los invasores. El sultanato cosechó un éxito desigual tras una serie de batallas con los cruzados durante el siglo XII, pero consiguió conservar la mayor parte de sus tierras.

El poder del sultanato empezó a menguar lentamente cuando las guerras de sucesión lo debilitaron. Tras la ascensión del impopular Kılıç Arslan III, Ghiyath al-Din Kaykhusraw I se hizo con el control y dividió el imperio entre sus dos hijos. El siglo XIII trajo consigo un periodo de inestabilidad y caos, ya que los gobernantes del sultanato intentaron expandir aún más sus tierras, pero solo obtuvieron un éxito parcial. Fueron rechazados en su invasión de Georgia, pero adquirieron nuevos territorios en la costa sur del mar Negro. Los cruzados también contribuyeron a la desaparición del sultanato, amenazando sus tierras meridionales tras haber establecido un punto de apoyo en Tierra Santa. Sin embargo, el siglo XIII también fue testigo de la invasión de Oriente Próximo y Asia Menor por parte de los mongoles, que diezmaron toda oposición en su camino y subyugaron a los pueblos de las tierras de las que se apoderaron. Tras perder la ciudad de Erzurum en 1242 a manos de los mongoles, el sultán Kaykhusraw II intentó vengarse un año más tarde en la batalla de Kose Dag con la ayuda de mercenarios cristianos, pero fue derrotado de forma contundente. Entonces se vio obligado a aceptar convertirse en súbdito de los mongoles, sin conseguir poner fin al caótico clima político de Anatolia.

A pesar de las luchas políticas que vivió el sultanato en la segunda mitad de su existencia, no hay que subestimar su papel sociocultural. El sultanato de Rum sentó las bases de la gobernanza de Anatolia, que posteriormente utilizaron los gobernantes otomanos. Los líderes selyúcidas mejoraron enormemente la conectividad de la región, estableciendo cientos de puestos comerciales y desarrollando carreteras. Sus métodos de administración también fueron decisivos, ya que aprovecharon los numerosos enfoques de la región e introdujeron influencias persas y árabes. A pesar de sus diferencias, los selyúcidas fueron bastante tolerantes con el pueblo griego que habitaba Asia Menor, respetando sus costumbres y tradiciones e incorporando a la nobleza griega a sus propias clases superiores.

Capítulo Dos - El ascenso de los otomanos

Una vez tratados los orígenes del pueblo turco en Anatolia, es hora de pasar al tema principal de este libro. Este capítulo abordará el surgimiento de los otomanos, primero como un poderoso principado y después como un imperio. También hablaremos de las implicaciones políticas del declive del sultanato de Rum y de cómo los gobernantes otomanos aprovecharon la oportunidad.

Osmán

Tras la derrota del sultanato de Rum frente a las fuerzas mongolas en 1243, los selyúcidas de Anatolia se convirtieron en vasallos de los mongoles, que dominaban las tierras al sur de Oriente Próximo occidental. Los mongoles establecieron un gobierno firme sobre sus súbditos recién adquiridos, concediéndoles cierto grado de autonomía a cambio de tributos. Sin embargo, el final del siglo XIII y el principio del XIV fueron también un periodo de inestabilidad para los mongoles. La enorme extensión del dominio mongol hacía muy difícil gobernar y controlar eficazmente a la población, sobre todo si se tiene en cuenta que los mongoles nunca habían sido buenos gobernantes ni administradores. Poco a poco, los gobernantes mongoles empezaron a perder el control sobre sus vasallos selyúcidas de Anatolia, a medida que diferentes señores independientes iban ganando poder.

Con la creciente emigración de los turcos, el Imperio bizantino también se debilitaba lentamente, pero lo que realmente asestó un golpe significativo al imperio fue el saqueo de Constantinopla por los ejércitos de la cuarta cruzada en 1261. Los cristianos latinos, que se desviaron de su objetivo original de capturar Tierra Santa, saquearon en su lugar la ciudad de Constantinopla, reduciendo aún más el poder del ya debilitado Imperio bizantino. De este modo, los principados turcos se extendieron cada vez más hacia el oeste, expulsando a los griegos de las provincias que históricamente habían ocupado. Poco a poco, los turcos sustituyeron a los bizantinos en Anatolia.

Entre los principados turcos independientes que se formaron durante el declive gradual del Imperio bizantino se encontraba el de Osmán, en el noroeste de Anatolia, alrededor de las ciudades de Bursa, Nicomedia y Nicea. Como sugiere la crónica, Osmán fue el primero de la dinastía en declararse soberano, y consiguió iniciar el proceso de formación de un nuevo Estado. Mientras libraba una guerra santa (*ghaza*) contra las provincias bizantinas con el objetivo de propagar el islam, Osmán logró atraer el apoyo de muchos principados vecinos. Lo siguieron a la batalla, presumiblemente no solo por la gloria del islam, sino también por su propio beneficio material. Juntos, lanzaron una serie de incursiones contra las ciudades y aldeas bizantinas más pequeñas, evitando el conflicto con sus vecinos musulmanes del sur y el este. Osmán es considerado el fundador del Estado otomano, que debe su nombre a su primer gobernante.

En el año 1300, Osmán se había abierto camino en el fragmentado clima político de la región asegurándose alianzas mediante una serie de matrimonios y negociaciones, así como consolidando su poder en el noroeste de Anatolia. En 1301, Osmán derrotó a un ejército bizantino a las afueras de la ciudad de Nicomedia (Izmit), lo que le permitió hacerse con el control de la ciudad de Yenisehir, a la que declaró nueva capital, así como con el acceso al mar Egeo por el oeste. Al expandirse hacia el oeste, Osmán fue capaz de socavar el dominio bizantino en la región, esencialmente dividiendo los territorios bizantinos en dos áreas separadas. Cuando Osmán murió en 1324, soñaba con capturar la ciudad de Bursa para afirmar realmente el dominio del Estado otomano en Anatolia occidental y obtener una ventaja significativa sobre su rival. Osmán inició el proceso, pero Bursa no sería tomada hasta 1326.

Orhan y las primeras conquistas

El sueño de Osmán se convertiría en realidad gracias a su hijo, Orhan, que heredó el liderazgo del estado y logró capturar Bursa tras un espantoso asedio de un año a finales de 1326. Orhan declaró Bursa nueva capital y se esforzó por convertirla en una de las ciudades más bellas y prósperas de toda Anatolia. La mayor parte de lo que sabemos del gobierno de Orhan procede del famoso viajero africano Ibn Battuta, que visitó Bursa y otras ciudades otomanas a mediados del siglo XIV. En sus escritos, Ibn Battuta describe la floreciente vida urbana, con ricos bazares rodeados de amplias calles y hermosos jardines. También menciona los éxitos del gobierno de Orhan y lo elogia como gran guerrero y administrador.

Las conquistas otomanas continuaron con aún más entusiasmo durante el reinado de Orhan, que derrotó al emperador bizantino Andrónico III en la batalla de Pelecano en 1329. El emperador se vio obligado a huir tras la derrota de sus fuerzas, lo que dejó vía libre a Orhan para capturar la ciudad de Nicea en 1331 y sus tierras limítrofes, prácticamente sin resistencia. Presionado no solo por los otomanos, sino también por los líderes serbios y búlgaros del oeste, que habían consolidado sus fuerzas para debilitar a los bizantinos, el emperador Andrónico accedió a regañadientes a pagar tributo a Orhan para detener la amenaza otomana mientras él se centraba en sus problemas en los Balcanes.

Orhan continuó asaltando y saqueando la campiña bizantina antes de capturar otra ciudad importante, Nicomedia, en 1337. El misericordioso emir permitió a la población de la ciudad evacuarse pacíficamente a Constantinopla antes de marchar victoriosamente hacia ella. Con la toma de Nicomedia, los otomanos se convirtieron en una fuerza indiscutible a tener en cuenta en Anatolia occidental, y fue sin duda el principado selyúcida (*beylik*) más poderoso.

El control de las principales ciudades portuarias bizantinas permitió a Orhan lanzar nuevas ofensivas en el oeste y expulsar a los bizantinos del sur de Tracia. Tras asegurar su flanco oriental con otros gobernantes selyúcidas, envió a su hijo Solimán a asaltar las costas de Grecia. En 1354, los otomanos habían logrado debilitar considerablemente las defensas costeras bizantinas, lo que permitió su primera invasión de los territorios europeos en poder de Bizancio. Con la captura de la estratégicamente importante península de Galípoli, Orhan estaba ahora en una posición privilegiada para desafiar las posesiones bizantinas en Tracia y el resto de los Balcanes. El Imperio bizantino quedaba reducido a unos pocos trozos de tierra aislados y desconectados entre sí. Acosado por las constantes incursiones otomanas y la guerra de independencia serbia en el norte, así como por la creciente influencia de Venecia en los mares y las desafortunadas consecuencias de la peste negra, Bizancio tenía los días contados. Los otomanos, por su parte, nunca habían sido tan fuertes.

Tiempos desesperados exigían medidas desesperadas, y el emperador bizantino Cantacuceno optó por aliarse con los otomanos a cambio de apoyo militar contra el levantamiento serbio, que creía una amenaza más potente. Resultó ser una decisión agridulce. El hijo de Orhan, Solimán, dirigió con éxito las tropas de la alianza greco-turca contra los serbios cuando invadieron el sur de Tracia, pero se negó a renunciar a los avances logrados, alegando que Dios le había concedido el control de esos territorios. Seguido por los emigrantes turcos, Solimán comenzó a habitar las tierras tracias, estableciendo asentamientos turcos que durarían siglos.

Cantacuceno fue apartado del poder debido a este error fatal, y el trono fue ocupado por Juan V Paleólogo, que esperaba recibir ayuda de Europa occidental para liberar los territorios ocupados por los otomanos. Sin embargo, Europa no respondió a la llamada. Las naciones europeas estaban envueltas en guerras entre sí y ya habían gastado un número considerable de recursos en la financiación de las desastrosas cruzadas. Por ello, las naciones europeas se mostraron reacias a enviar ayuda al emperador bizantino.

Afortunadamente, Juan V Paleólogo pudo encontrar otra solución, aunque temporal, a los problemas de su reino. A principios de 1357, Solimán, el hijo mayor y sucesor de Orhan, falleció trágicamente, y el hijo menor del emir otomano, Halil, fue capturado por piratas locales. Dado que los bizantinos contaban con una potente fuerza naval, Orhan solicitó el apoyo del emperador para liberar a su hijo del cautiverio, y este accedió, aprovechando la situación para poner fin a las hostilidades entre su reino y los otomanos.

El emperador Juan V envió una misión de rescate y pudo liberar al muchacho, pero a cambio exigió a Orhan que pusiera fin a las conquistas otomanas de territorios bizantinos y casara a su hija, la princesa Irene, con el joven Halil, a quien Juan había llevado a Constantinopla. Fue un acuerdo bastante desagradable para Orhan, que se vio obligado a aceptarlo para garantizar la libertad de su hijo.

Murad I y la conquista de Tracia

Aunque el Imperio bizantino, o al menos lo que quedaba de él, se alió con los otomanos, todo el mundo sabía que la paz entre ambos era solo temporal. Tras el acuerdo, el emperador Juan V volvió a intentar pedir ayuda al mundo occidental, pero sin éxito. Tras la liberación de Halil, Orhan rompió la alianza y decidió lanzar otra serie de ataques contra el resto de las tierras bizantinas, una expedición que pretendía rodear Constantinopla por todos lados. Esta vez, las fuerzas otomanas, dirigidas por su segundo hijo mayor, Murad, cruzaron la frontera para entrar en Tracia con el objetivo de unificar las posesiones otomanas tracias. Fue otra guerra santa, y produjo magníficos resultados para Orhan al tiempo que diezmaba las defensas bizantinas. A finales de 1361, el príncipe Murad logró sitiar y capturar la importante ciudad de Adrianópolis, proclamándola nueva capital del reino otomano.

El príncipe Murad se convertiría en sultán otomano a finales de 1362, tras la muerte de Orhan. Al igual que su padre y su abuelo, su reinado marcó la continuación de las políticas expansionistas y dio resultados sorprendentes. La toma de Adrianópolis, que pasó a llamarse Edirne, permitió a Murad adentrarse en Tracia y consolidar los territorios ganados en invasiones anteriores. Murad llevó sus ejércitos a Macedonia y Bulgaria, aplastando los restos del levantamiento serbio y subyugando a los pueblos que habitaban estas tierras. Constantinopla quedó efectivamente rodeada de posesiones otomanas o vasallas de Murad. Los colonos turcos no tardaron en llegar, estableciendo nuevos centros en los territorios capturados y contribuyendo al proceso de «turquización».

Sin embargo, antes de que Murad pudiera avanzar más hacia el sureste de Europa, se vio obligado a regresar a Anatolia para enfrentarse al principado de Karaman, que limitaba con los otomanos por el este y había permanecido en paz durante muchas décadas. Murad no solo fue capaz de repeler a las fuerzas enemigas, sino que también logró conquistar una gran porción de tierra al sureste de su reino, forzando la paz con Karaman y señalando a otros principados que los otomanos eran los más poderosos.

Murad I

https://commons.wikimedia.org/wiki/File:Sultan_Gazi_Murad_Han_H%C3%BCdavendig%C3%A2r_-%D8%A7%D9%84%D8%B3%D9%8F%D9%84%D8%B7%D8%A7%D9%86_%D8%A7%D9%84%D8%BA%D8%A7%D8%B2%D9%8A_%D9%85%D8%B1%D8%A7%D8%AF_%D8%AE%D8%A7%D9%86_%D8%A7%D9%84%D8%AE%D8%AF%D8%A7%D9%88%D9%86%D8%AF%DA%AF%D8%A7%D8%B1.jpg

Murad regresó a Edirne para consolidar sus fuerzas. Una vez asegurada la paz en el este, no estaba dispuesto a continuar la conquista de los Balcanes para asfixiar a los bizantinos en Constantinopla. Sin embargo, una vez que las naciones balcánicas vieron que el sultán abandonaba sus fronteras, se unieron para poner fin al dominio otomano. Los serbios reunieron un ejército para resistir la conquista otomana y se enfrentaron a Murad en la batalla de Maritsa, cerca del pueblo de Chernomen, en la actual Grecia, en septiembre de 1371. Aunque el recuento exacto del número de tropas difiere, se cree que el ejército serbio superaba en número a los otomanos en una proporción de nueve a uno, contando con unos cincuenta mil hombres en total. Aun así, los otomanos fueron capaces de superar al enemigo gracias a la superioridad de sus tácticas y obtuvieron una victoria crucial que les permitió continuar con el sometimiento de los Balcanes. En los diez años siguientes, los otomanos fueron capturando ciudades importantes una a una, haciéndose con el control de Sofía y Tesalónica, por ejemplo, a mediados de la década de 1380.

Murad I dominó completamente a sus enemigos, aunque a finales de la década de 1380 tuvo que extender a sus hombres en dos frentes. Tuvo que vérselas de nuevo con los principados turcos de Anatolia, que se habían sublevado para socavar el poder de los otomanos en su región natal. Sus éxitos provocaron una respuesta reaccionaria en otras regiones cristianas de los Balcanes, lo que condujo a la creación de una coalición entre los reinos de Serbia y Bosnia. Ayudados por los caballeros hospitalarios, el príncipe Lazar de Serbia y el rey Tvrtko de Bosnia dirigieron a unos veinte mil hombres contra los otomanos en la batalla de Plocnik en 1388, con la esperanza de que una alianza cristiana bastara para hacer retroceder a los invasores musulmanes. Contra todo pronóstico, los cristianos lograron la victoria, siendo la primera vez que derrotaban a una gran fuerza otomana desde las invasiones de Solimán un par de décadas atrás.

Sin embargo, Murad tomó represalias, desviando su atención del este, donde había demostrado su dominio contra los demás principados turcos, y trasladando el grueso del ejército otomano a los Balcanes. Al frente de sus hombres, Murad se enfrentó a la alianza cristiana en la batalla de Kosovo, en junio de 1389. Los historiadores estiman que ambos ejércitos contaban con unos veinticinco mil hombres. Tras un día de encarnizados combates, ambos bandos perdieron la mayoría de sus tropas, sin que ninguno lograra obtener una ventaja significativa sobre el otro. Murad murió durante los combates, pero los otomanos no se retiraron, sino que mataron al príncipe Lazar de Serbia y empujaron al enemigo hacia atrás. Al final, el resultado de la batalla no fue concluyente, ya que ambos comandantes murieron y el número de bajas fue similar. La batalla de Kosovo se recuerda hoy en Serbia como un valeroso esfuerzo de los cristianos ortodoxos, que intentaban detener el avance otomano en Europa y ganar tiempo para que el resto de las naciones cristianas europeas reaccionaran ante la creciente amenaza.

A pesar de la muerte de Murad, el espíritu de lucha en el resto del ejército y el alto mando otomanos seguía siendo alto. Los turcos sabían que los efectivos de la alianza habían quedado muy mermados. Para ellos, parecía imposible que los cristianos encontraran fuerzas suficientes para seguir resistiendo. El ejército otomano quería más guerra y conquista, y un simple revés no sería suficiente para detener su impulso. El sucesor de Murad, Bayezid I, que demostró su valía en la batalla tras la muerte de su padre, se convirtió en el nuevo sultán y juró continuar la expansión del reino. Apodado Yildirim («Rayo»), Bayezid I inspiraba a sus súbditos por su carácter valiente, caballeresco y carismático. Convirtió a los serbios en vasallos, a pesar de un encuentro cercano en los campos de Kosovo poco después de su ascensión. En 1390, para consolidar sus posesiones balcánicas, se casó con Mileva Olivera, hija del príncipe Lazar, y nombró al hijo de este único gobernante de Serbia, obteniendo así su lealtad para asegurarse de que una alianza cristiana no volvería a plantear problemas a los otomanos.

La derrota de los cruzados

Basándose en los esfuerzos de sus predecesores y aplicando una agresiva política exterior, Bayezid I continuó librando la guerra santa en nombre del islam contra los cristianos de los Balcanes, pero también se aseguró de que los principados turcos de Anatolia fueran conscientes de la fuerza del Estado otomano. A principios de 1391, consiguió derrocar y tomar como vasallos a los líderes de los cuatro beylicatos occidentales: los karasíes, los menteşe, los saruhaníes y los aydiníes, así como conquistar las tierras del principado Germiyan, situado en el corazón de la península. Dos años más tarde, tras reponer fuerzas y consolidar su poder sobre sus súbditos, el sultán Bayezid I condujo a sus hombres de vuelta a los Balcanes y se enfrentó a los búlgaros, anexionándose sus territorios y rodeando por completo al resto del Imperio bizantino en un pequeño enclave aislado en Constantinopla. En 1395, Bayezid había tomado como vasallos a los gobernantes del norte de Grecia y Valaquia, «turquizando» básicamente todo el sur de los Balcanes y subrayando aún más el hecho de que los otomanos se habían convertido en una gran potencia regional.

Las conquistas de Bayezid I alarmaron al resto de la Europa cristiana, y el papa Bonifacio IX convocó una nueva cruzada para detener los avances otomanos en Europa a principios de 1396. La noticia de la fuerza del Imperio otomano se había extendido por toda Europa, pero los occidentales seguían mostrándose reacios a contribuir a la cruzada. Inglaterra y Francia seguían luchando en la guerra de los Cien Años y los gobernantes ibéricos estaban en plena Reconquista. Así pues, a la llamada del papa respondió el rey Segismundo de Hungría y Croacia, cuyo reino lindaba directamente con los territorios otomanos recién adquiridos. Segismundo fue un monarca poderoso, que acabó convirtiéndose en emperador del Sacro Imperio Romano Germánico y gobernó la mayor parte de Europa central y oriental hasta su muerte en 1437.

La mayor ayuda que recibió Segismundo fue la de Juan I, hijo del duque de Borgoña, que acudió en ayuda del rey con un par de miles de hombres, lo que afectó a la moral de los cristianos lo suficientemente motivados como para unirse a la causa. Pronto, miles de caballeros independientes de toda la Europa cristiana se unieron al ejército de Segismundo. El número exacto de cruzados es muy controvertido, y las crónicas pintan cuadros drásticamente diferentes. Es razonable suponer que la fuerza cruzada ascendía a entre cincuenta mil y noventa mil hombres, lo que no dejaba de ser una hazaña impresionante teniendo en cuenta el estado de la Europa cristiana en aquella época. A principios de 1396, los cruzados iniciaron su marcha por el río Danubio con el objetivo de derrotar a los otomanos y liberar la capital bizantina del bloqueo turco.

Mientras tanto, Bayezid I había rodeado completamente Constantinopla e incluso sitiado la ciudad, construyendo fortificaciones para permitir una lenta y espantosa captura de la joya de la corona bizantina. Cuando la noticia de la cruzada llegó a oídos del sultán, dividió sus fuerzas y se preparó para enfrentarse al enemigo. Los cruzados llegaron a la ciudad de Vidin, en Bulgaria occidental, cuyo líder, Iván Srastsimir, había sido tomado como vasallo por los otomanos. Sin embargo, al ver al ejército cruzado, Iván renunció al control de la ciudad y dio a los cruzados un camino relativamente fácil hacia el corazón de los territorios balcánicos otomanos. El rey Segismundo y sus hombres continuaron su marcha por el Danubio, apuntando a la ciudad crucial de Nicópolis, saqueando y asaltando las tierras en su camino al más puro estilo cruzado.

En el verano de 1396, el ejército cruzado cruzó el Danubio y sitió la fortaleza. Nicópolis, situada en una posición defensiva natural donde el Danubio se une con el río Olt, era muy difícil de tomar en un asalto total. Con una guarnición de unos doscientos otomanos, las altas murallas de piedra que rodeaban la ciudad solo podían superarse tras un largo bombardeo, algo que sabían muy bien los habitantes de Nicópolis, que esperaban que su sultán llegara para ayudarlos en su defensa.

Sin equipo de asedio, con poca disciplina y grandes expectativas, los cruzados acamparon cerca de la ciudad, en su lado sur, reacios a lanzar un asalto contra Nicópolis tan poco preparados. En su lugar, los comandantes cristianos enviaron partidas de asalto y unidades de caballería de reconocimiento con el fin de garantizar una posición segura. Sin embargo, mientras esperaban, la noticia del avance de

Bayezid llegó rápidamente a oídos del alto mando, que comenzó a prepararse para la batalla a mediados de septiembre. Tras discutir los planes de batalla, el rey Segismundo se encontró en desacuerdo con el resto de sus oficiales respecto al posicionamiento de sus fuerzas, algo que había plagado casi todas las cruzadas debido a la diversidad de los líderes y soldados que procedían de diferentes países.

El 25 de septiembre de 1396, Bayezid se acercó a Nicópolis para aliviar el asedio y encontró a los cruzados apostados entre su ejército y los muros del castillo, impidiéndole acercarse a la ciudad. Tras colocar trampas para caballos frente a la línea principal de infantería, Segismundo confiaba en poder contener a los otomanos. Tras un breve impás, las dos fuerzas se enfrentaron en batalla, pero a pesar de las grandes esperanzas de los cristianos, la caballería otomana resultó ser mucho más difícil de manejar de lo previsto. Al sortear las trampas y flanquear al enemigo, la rápida vanguardia de Bayezid pudo aplastar a los cruzados por los flancos mientras la infantería principal avanzaba y entablaba combate cuerpo a cuerpo. Abrumados por el enemigo y con dificultades debido a la falta de comunicación, las fuerzas de Segismundo iniciaron una retirada en masa, con los diferentes contingentes del ejército cruzado siendo derrotados uno a uno. Fue otra victoria decisiva para los otomanos.

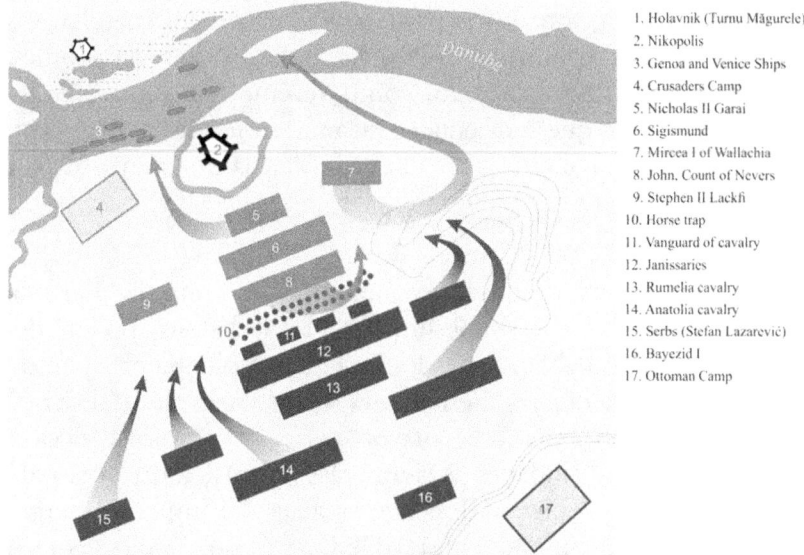

Batalla de Nicópolis
Kandi, CC BY-SA 4.0 <https://creativecommons.org/licenses/by-sa/4.0>, vía Wikimedia Commons; https://commons.wikimedia.org/wiki/File:Battle_of_Nicopolis_(1396)_plan.png

Capítulo Tres - Los desafíos del Imperio

El capítulo anterior cubría el ascenso del principado otomano como el más dominante de Anatolia y los primeros cien años de su existencia como potencia regional. Bajo sus primeros gobernantes, el Estado otomano consiguió ampliar enormemente sus territorios, librando no solo guerras santas contra los cristianos de Bizancio y los Balcanes, sino también logrando socavar otros principados turcos de Anatolia. Con la victoria contra los cruzados en Nicópolis, el futuro parecía prometedor para los otomanos. Sin embargo, como veremos en este capítulo, los otomanos tendrían que enfrentarse a una serie de retos y superar problemas externos e internos en su camino hacia una mayor expansión y dominación.

Tamerlán

El mundo cristiano quedó conmocionado por la derrota de Nicópolis. Europa había subestimado el verdadero poder de los otomanos, ya que habían logrado emerger rápidamente como una verdadera fuerza a tener en cuenta en la región. A finales del siglo XIV, el Estado otomano cubría la mayor parte de Anatolia occidental, controlaba todas las ciudades costeras clave y casi todo el sur de los Balcanes mediante propiedad directa o vasallaje. El Imperio bizantino se encontraba en su punto más débil, ya que solo controlaba Constantinopla y sus alrededores. Las naciones cristianas habían renunciado básicamente a otra expedición para recuperar los territorios perdidos, y los principados de Anatolia habían aceptado en gran medida la soberanía otomana.

Los altos mandos otomanos debatieron mucho sobre el futuro del Estado tras la batalla de Nicópolis. Aunque había argumentos a favor de una mayor expansión hacia Europa, el sultán Bayezid optó por regresar a Asia Menor para consolidar su poder. El sultán valoraba más las conquistas hacia el este que el progreso en los Balcanes, pues lo veía como una puerta de acceso a las ricas tierras de ultramar, dominadas por los árabes y los mamelucos egipcios. Sin embargo, esta decisión resultó fatal para el sultán y afectó para siempre a su legado. El principal problema radicaba en que los *gâzi* (comandantes que libraban guerras santas), que constituían la mayor parte de su ejército, se mostraban reacios a luchar contra otros musulmanes, a los que básicamente consideraban hermanos. Preferían librar guerras santas al más puro estilo turco, como habían hecho sus antepasados durante siglos.

Los principados de Anatolia, por su parte, estaban bastante familiarizados con lo que los otomanos eran capaces de hacer debido a su disciplinado ejército y a sus vastos recursos. Después de los esfuerzos de Bayezid en los Balcanes, se habían vuelto cada vez más cautelosos con los otomanos y sabían que necesitaban buenos aliados para resistir si Bayezid decidía regresar al este. Sin embargo, los otomanos ya habían derrotado a una coalición de principados, por lo que reunirse de nuevo no garantizaba que pudieran defender sus tierras de forma competente. Así pues, en su lugar, optaron por confiar en una superpotencia recién surgida, jurándole lealtad con la esperanza de que los ayudara a socavar las conquistas otomanas.

Esta superpotencia era el Imperio timúrida, un estado turco-mongol basado en la guerra y la expansión que había logrado conquistar sin piedad los territorios desde el oeste de la India y Asia Central hasta el este de Anatolia, incluyendo ciudades clave de Mesopotamia, como Bagdad y Mosul. Incluso había llegado al Cáucaso y subyugado al reino de Georgia. Los beylicatos del este de Anatolia ya habían sentido el poderío de los timúridas, liderados por el legendario Tamerlán, a principios de la década de 1390, después de que las brutales incursiones y conquistas hicieran que algunos de ellos aceptaran su superioridad. Tras el regreso de Tamerlán a Asia Menor en 1399, los beylicatos volvieron a apoyar al kan como su soberano, pues creían que los otomanos no podían hacer frente a las fuerzas timúridas.

A su regreso, Tamerlán envió un emisario al sultán Bayezid, proponiéndole que le jurara fidelidad como habían hecho los demás principados y renunciara a apoderarse del resto de Anatolia. En lugar de obedecer, Bayezid optó por responder con amenazas y exigencias propias, que inicialmente fueron ignoradas por el kan. A principios de 1402, Tamerlán había establecido una firme presencia en Anatolia oriental, llegando hasta la ciudad de Sivas, que arrebató a un gobernante leal al sultán otomano. Tamerlán planeaba dirigirse hacia Ankara para consolidar su posición.

Bayezid, con unos ochenta mil soldados, se apresuró a defender la ciudad y detener el avance timúrida. Su variopinto ejército estaba compuesto por sus *gâzi* y sus súbditos cristianos de los Balcanes. Bayezid se enfrentó a Tamerlán en julio de 1402 cerca de Ankara. Tamerlán disponía de un ejército superior y casi el doble de hombres que Bayezid, incluidos mejores regimientos de caballería y, como mencionan algunas fuentes, incluso elefantes de guerra. A pesar de los valientes combates, los otomanos sufrieron grandes pérdidas y fueron derrotados de forma decisiva. Bayezid fue capturado y Tamerlán tomó Ankara.

La guerra civil otomana

La derrota en Ankara fue desastrosa para los otomanos. Con el sultán capturado y el grueso del ejército derrotado por Tamerlán, el corazón del Estado otomano quedó al descubierto. En la década siguiente, los otomanos entrarían en un periodo de caos, incertidumbre e inestabilidad, en el que se tomarían medidas desesperadas para garantizar la seguridad del reino.

Sorprendentemente, Tamerlán trató a Bayezid con respeto, a pesar de mantenerlo cautivo. Bayezid moriría un año después en cautiverio, no mucho después de que Tamerlán conquistara casi toda Anatolia. Tras su victoria en Ankara, el kan timúrida consiguió llegar al Mediterráneo y se hizo con el control de Esmirna en diciembre de 1402. Los señores otomanos fueron incapaces de resistir las incursiones timúridas, mientras que los demás beylicatos ya habían jurado fidelidad a su soberano centroasiático.

Aunque Tamerlán abandonó Asia Menor poco después de sus conquistas y murió en 1405, su plan para Asia Menor consistía en socavar el dominio otomano apoyando a principados más pequeños y redistribuyendo el poder entre ellos. Le gustaba especialmente Mehmed, el *bey* del beylicato de Karaman. Tamerlán le dio parte de su propio ejército y una buena parte de los antiguos territorios otomanos para mantener la paz y el equilibrio en la región antes de su partida.

En cuanto a los otomanos, estallaría una guerra civil entre los cuatro hijos de Bayezid a su muerte en 1403. El hijo mayor, Solimán, era quizá el más poderoso de los cuatro, ya que ostentaba la capital, Edirne, y contaba con el apoyo no solo de gran parte de los *gâzi*, sino también de varios gobernantes cristianos con los que había firmado pactos de no agresión y tratados de tregua. Por ejemplo, para obtener ayuda financiera de los bizantinos, aceptó devolver la ciudad de Salónica en el otoño de 1403. Así, tras la muerte de su padre, Solimán fue el principal aspirante a ocupar el trono.

El segundo hijo de Bayezid, Isa, se había establecido en la ciudad de Bursa y esperaba asumir él mismo el poder. Sin embargo, el príncipe Mehmed, tercer hijo de Bayezid, que había aceptado la soberanía timúrida en Amasya, lo frenó en seco. En las batallas que siguieron, Mehmed y sus partidarios lograron derrotar a las fuerzas de Isa a mediados de 1403, obligando a este a huir. Los hombres de Mehmed se apoderaron de Bursa. Isa sería asesinado más tarde por agentes de Mehmed en la beylicato de Karaman.

Los dos bandos principales estaban ahora establecidos: Solimán, con sus partidarios en el sur de los Balcanes y Tracia, y Mehmed, que mantenía las posesiones otomanas de Anatolia occidental. El príncipe Solimán confiaba en su capacidad para derrotar a su hermano y cruzó el mar, capturando Bursa en marzo de 1404, menos de un año después de las victorias de Mehmed contra Isa. Se desató el caos entre el pueblo otomano, que no sabía a quién apoyar. Sin embargo, Solimán no se detuvo ahí, ya que llevó a sus hombres a Ankara y capturó la ciudad central un par de meses después de su victoria en Bursa.

Tras sus conquistas, se produjo un estancamiento entre ambos bandos que duró unos cinco años. La posición de Mehmed estaba muy debilitada y parecía que Solimán iba a triunfar. Sin embargo, el estancamiento permitió a Mehmed replantearse su estrategia.

Antes de la invasión de Solimán, el cuarto hijo de Bayezid, Musa, había sido liberado por Tamerlán de su cautiverio. Musa reunió suficiente apoyo para financiar su propia expedición y atacó repentinamente las principales provincias de Solimán en Tracia, obligando al hermano mayor a regresar de Anatolia. En Tracia, a pesar del éxito inicial, Solimán acabaría siendo derrotado por Musa en Edirne en 1411. Musa ejecutó a Solimán, asumiendo el gobierno de los territorios que había ocupado anteriormente, y procedió a asediar Constantinopla, que había sido un estrecho aliado de Solimán.

Desesperado, el emperador Manuel II del Imperio bizantino pidió a Mehmed que aliviara el asedio, prometiéndole grandes concesiones. Mehmed no podía dejar pasar semejante oportunidad, así que se aventuró a la capital bizantina para salvar a los griegos de su hermano, encontrándose con él en la batalla de Çamurlu, en la actual Bulgaria, en julio de 1413. Fue una batalla reñida, pero Mehmed pudo derrotar a Musa, que cayó en el campo de batalla. Tras la victoria, Mehmed continuó reconquistando los territorios otomanos tracios para afirmar su dominio sobre los súbditos, consolidándose como único gobernante del Estado otomano a finales de año. La guerra civil otomana había terminado por fin tras unos once años de constantes luchas intestinas.

Lo primero, naturalmente, en la agenda del sultán Mehmed I era consolidar su poder asegurando a sus súbditos que él era el legítimo gobernante. Tras derrotar a su hermano y retomar Tracia, se aseguró de entablar una relación no hostil con los bizantinos. Aunque en esencia había salvado Constantinopla de Musa, Manuel II había proporcionado a Mehmed barcos para transportar sus tropas y equipo para la batalla, por lo que Mehmed I mostró su gratitud. Devolvió al emperador los territorios alrededor de Constantinopla y la importante ciudad de Salónica. A continuación, procedió a firmar la paz con los gobernantes europeos, asegurando su flanco occidental y firmando pactos de no agresión con genoveses y venecianos, que eran las potencias navales más respetadas de la época.

Es importante destacar que los cristianos europeos, que llevaban casi cien años luchando contra el yugo otomano cuando estalló la guerra civil, fueron incapaces de aprovechar la oportunidad y luchar por su libertad. En lugar de levantarse contra los otomanos, permanecieron relativamente inactivos durante la década de luchas internas entre los hijos de Bayezid. En última instancia, esta decisión resultaría fatal para ellos, ya que los otomanos continuarían expandiéndose por Europa después de que la situación se estabilizara en el Imperio otomano.

Una vez asegurada la paz, Mehmed I centró su atención en sus súbditos, encarcelando o exiliando a quienes habían apoyado a sus hermanos durante la guerra civil y rodeándose de hombres de su confianza. Tras reconstruir su ejército, optó por llevar la lucha a los beylicatos de Anatolia occidental para restaurar los territorios que los otomanos habían perdido durante las conquistas de Tamerlán. Aunque esta campaña tuvo bastante éxito, consiguiendo arrebatar valiosas posesiones a Karaman, una revuelta en la parte europea del reino hizo que el sultán desviara su atención hacia el oeste.

Liderados por una misteriosa figura religiosa llamada Seyh Bedreddin, que ya había sido exiliado por Mehmed debido a la influencia que ejercía sobre sus partidarios, los rebeldes se alzaron en Valaquia, denunciando el gobierno de Mehmed en nombre de su líder. Bedreddin era una figura bastante controvertida. Este teólogo había dirigido una secta de seguidores que desafiaban los principios de la ley islámica. Se lo consideraba un radical peligroso. Al enterarse de su rebelión en Europa, los partidarios de Bedreddin en Anatolia también se sublevaron, contribuyendo aún más al caos en el reino.

El gobierno de Mehmed también se vio desafiado por otro misterioso personaje que afirmaba ser el hijo perdido del sultán Bayezid, el príncipe Mustafá, capturado por Tamerlán durante la guerra con los timúridas. El «falso Mustafá» consiguió ganarse cierto apoyo militar de los bizantinos, que seguían queriendo debilitar a los otomanos todo lo posible con la esperanza de recuperar sus territorios perdidos. El falso Mustafá también era venerado en otras provincias rebeldes de la parte europea del Estado otomano.

Mehmed se vio obligado a responder a los rebeldes, a pesar de que en un principio pretendía lanzar una ofensiva sobre los beylicatos. Como respuesta, envió dos ejércitos distintos para hacer frente a Bedreddin y al falso Mustafá, consiguiendo aplastar al primero en otoño de 1416 y haciéndolo prisionero. En diciembre, Mehmed ejecutó públicamente a Seyh Bedreddin para mostrar cómo se trataría a cualquier otomano con tendencias rebeldes y radicales. El falso Mustafá se vio obligado a huir a Constantinopla, ya que su pequeña fuerza fue rápidamente superada por el ejército otomano. Después de ocuparse de los rebeldes, Mehmed tuvo por fin tiempo para conquistar los restantes beylicatos de Anatolia. Antes de su muerte en 1421, pudo tomar Hamid, Aydin, Menteşe, Teke y Antalya, restaurando en gran medida las fronteras otomanas a las del reinado de Bayezid.

El reinado de Murad II

Mehmed I sería sucedido por su hijo, Murad II, cuyo reinado solo puede recordarse como uno de los más interesantes de la historia otomana. Durante las dos décadas siguientes, los otomanos intentaron adentrarse aún más en Europa, con resultados desiguales debido a las maniobras políticas de las naciones cristianas fronterizas.

Curiosamente, el falso Mustafá desempeñaría un papel dominante en los primeros años del reinado de Murad II. El nuevo sultán se enfrentó al pretendiente poco después de ascender al trono, con la esperanza de que este se alzara antes de que Murad pudiera consolidar su poder como sultán. Esta vez, con el apoyo bizantino, el falso Mustafá consiguió tomar Edirne, pero finalmente fue derrotado y ejecutado en la batalla de Ulubad a principios de 1422.

Después de haberse ocupado del falso Mustafá, Murad quiso marchar sobre Constantinopla para castigarla por haber apoyado al usurpador. Durante muchas décadas, Constantinopla había permanecido como único bastión del Imperio bizantino en medio de las tierras otomanas, por lo que tomar la ciudad solo sería una buena noticia para el sultán. Por desgracia, sin embargo, antes de que pudiera asediar adecuadamente a los bizantinos, Murad se enfrentó a otra serie de rebeliones, esta vez en los beylicatos de Anatolia. Los *beys* de Teke y Menteşe fueron rápidamente derrotados y, en 1425, el sultán había recuperado el control de los territorios sublevados.

Murad II

https://commons.wikimedia.org/wiki/File:Sultan_Gazi_Murad_Han_II_-%D8%A7%D9%84%D8%B3%D9%84%D8%B7%D8%A7%D9%86_%D8%A7%D9%84%D8%BA%D8%A7%D8%B2%D9%8A_%D9%85%D8%B1%D8%A7%D8%AF_%D8%AE%D8%A7%D9%86_%D8%A7%D9%84%D8%AB%D8%A7%D9%86%D9%8A.jpg

Durante la siguiente década, los otomanos intentaron aumentar su presencia en los Balcanes, donde se enfrentarían principalmente a dos grandes actores: el reino de Hungría y la República de Venecia. Hungría, que se encontraba justo al norte de los estados vasallos otomanos, era un reino cristiano capaz de plantar cara a los musulmanes gracias a su poderío militar y económico. Por otra parte, los venecianos eran los amos del mar, dominaban el comercio en el Mediterráneo y el Egeo, y no estaban dispuestos a renunciar a su posición de poder.

Murad sabía que aún no estaba preparado para una invasión total de Hungría; era bastante grande, y había una buena razón por la que ningún gobernante otomano se había atrevido a aventurarse tan al norte. Además, concentrar todas sus fuerzas en los Balcanes dejaría a Anatolia expuesta, y existía una gran posibilidad de que estallara otra rebelión, como había ocurrido innumerables veces antes. Así pues, en lugar de una invasión, Murad organizó una serie de incursiones en las ciudades y campos húngaros fronterizos, con sus soldados haciendo llover devastación y destrucción sobre todo lo que encontraban, lo que solo sirvió para debilitar a los cristianos.

Hungría, sin embargo, se veía a sí misma como la principal defensora de la Europa cristiana frente a la inminente amenaza otomana e intentó influir en los vasallos otomanos cristianos de Valaquia y Serbia para que se unieran a su causa. Aunque al principio valacos y serbios intentaron resistirse al yugo otomano, se mostraron bastante reacios a rebelarse abiertamente contra sus soberanos, temiendo ser aplastados por los musulmanes. No obstante, cada vez que el sultán Murad II dirigía su atención hacia otro lugar, sus nobles declaraban su apoyo a Hungría.

Finalmente, en 1427, Murad firmó un tratado de no agresión con Hungría por tres años, en el que ambas partes reconocían la soberanía del nuevo rey serbio, Jorge Branković, y acordaban no irrespetar las fronteras organizadas. Sin embargo, como es fácil imaginar, la tregua estaba condenada al fracaso desde el principio, ya que ninguna de las partes había alcanzado los objetivos deseados.

A lo largo de la década de 1430, los otomanos atacaron constantemente a sus vecinos cristianos del norte, y los cristianos solo tomaron represalias cuando creyeron que su enemigo era débil. Un buen ejemplo de ello es la invasión timúrida de Anatolia, dirigida por Shah Rukh en 1435. Para entonces, Murad había debilitado a los cristianos con sus incursiones, pero tuvo que trasladar sus tropas al este para defender sus posiciones. Con el tiempo, el sultán otomano consiguió llegar a términos relativamente buenos con el sah, aceptando renunciar a su influencia sobre los beylicatos de Anatolia central y occidental e incluso ayudando a los timúridas en sus esfuerzos contra los mamelucos egipcios en ultramar.

Sin embargo, durante este tiempo, la influencia del sultán en Tracia disminuiría significativamente, y los cristianos gozarían de un amplio grado de autonomía. Así pues, Murad tuvo que tratar con ellos una vez más para garantizar la seguridad de su reino. A finales de 1438 y principios de 1439, los otomanos atacaron y saquearon las ciudades de la Serbia cristiana, Bosnia y Valaquia, logrando capturar varias fortalezas importantes en los Balcanes occidentales. Incluso sitiaron Belgrado, pero no lograron capturarla.

Sorprendentemente, la respuesta que estas acciones militares produjeron por parte de Hungría fue de lo más feroz. El nuevo rey, Vladislao, con su legendario comandante Juan Hunyadi, condujo fuerzas a través de la frontera y se enfrentó a las fuerzas otomanas en varias ocasiones a lo largo de los primeros años de la década de 1440. En la actual Rumanía, los cristianos lograron una victoria en la batalla de Hermannstadt, en marzo de 1422, derrotando a unos veinte mil soldados otomanos y expulsándolos de Transilvania. Tras obtener el apoyo de Serbia y Albania, Juan Hunyadi capturó la ciudad de Niš y amplió aún más el tremendo impulso que su ejército había conseguido.

En 1444, el sultán otomano se vio obligado a firmar un tratado de paz con los cristianos, ya que sus rápidos avances en Tracia eran demasiado para las fuerzas otomanas. En junio, las dos partes se reunieron en Edirne. Juan Hunyadi exigió a las fuerzas otomanas que se retiraran de Europa y volvieran a Anatolia. Serbia también fue restaurada como Estado independiente bajo el mando de Jorge Branković. El Tratado de Edirne fue una de las mayores pérdidas a las que se enfrentaron los otomanos en mucho tiempo.

Obligado a abandonar las defensas de sus posesiones europeas y con su ejército más débil que nunca, Murad quedó decepcionado. No pudo encontrar una buena forma de gobernar a sus súbditos cristianos, que suponían una amenaza para su capacidad como sultán. Por desgracia para Murad, también tuvo que firmar otra paz con el principado de Karaman en Anatolia, según la cual renunciaba a aún más territorios en el este. El Estado otomano había perdido su posición dominante como potencia regional, ya que era incapaz de mantener el control de los territorios conquistados. Bajo la fuerte presión de sus súbditos y tras una serie de derrotas militares y políticas, Murad II abdicó del trono en 1444 en favor de su hijo Mehmed, que solo tenía doce años.

Capítulo Cuatro - El Imperio otomano

La primera mitad del siglo XV no empezó precisamente bien para el Estado otomano. Aún recuperándose de las conquistas de los timúridas bajo Tamerlán, los otomanos estuvieron divididos durante más de una década durante la lucha por la sucesión entre los hijos del sultán Bayezid. Tras la guerra civil, el país hizo algunos esfuerzos por recuperar su antigua gloria, pero en gran medida sin éxito. Finalmente, el reinado de Murad II se enfrentó a múltiples problemas, ya que los otomanos se vieron presionados una vez más desde el este y el oeste, viéndose obligados a ceder más terreno a sus enemigos.

Sin embargo, como veremos en este capítulo, los otomanos se recuperarían enormemente de sus recientes reveses, iniciando un proceso de dominación regional bajo Mehmed II que duraría un par de siglos. Este capítulo abordará la transformación del Estado otomano en un verdadero imperio, un proceso que tuvo inmensas implicaciones sociopolíticas en el futuro.

Restauración del poder

La sorprendente decisión de Murad de abdicar no significaba necesariamente que el país superaría las dificultades a las que se había enfrentado durante la última década. Dejar el reino en manos de un niño de doce años solo significaba que habría nuevos partidos que intentarían ganar influencia al más alto nivel. La lucha por el poder que estalló tras la abdicación de Murad, aunque no tan violenta como la guerra civil, evidentemente perjudicó a la Corona más que ayudarla. Lo que empeoró las cosas fue una nueva campaña organizada por el rey Vladislao de Hungría contra los otomanos, que se acercaba lentamente desde el noroeste. En una situación desesperada, el alto mando otomano se dirigió de nuevo a Murad, pidiéndole que asumiera el liderazgo de los ejércitos.

Esta vez, las fuerzas de Vladislao eran mucho más fuertes y estaban mucho mejor organizadas; incluso habían sido bendecidas por el mismísimo papa. Junto con contingentes de Venecia, Albania y otros estados europeos y dirigida, una vez más, por Juan Hunyadi, la nueva cruzada se organizó en Buda y marchó hacia el sur, entrando en Bulgaria y derrotando a las guarniciones otomanas locales en ciudades más pequeñas. El objetivo de los cristianos era capturar la capital otomana, Edirne, y liberar a todos los cristianos que se veían obligados a vivir bajo el dominio musulmán en los Balcanes.

En noviembre de 1444, reforzados por los cristianos búlgaros de la zona, los cruzados marcharon hacia la ciudad de Varna, en el este de Bulgaria. La fuerza del ejército cristiano es discutida, pero las estimaciones oscilan entre dieciséis mil y treinta mil hombres. Sin embargo, la fuerza otomana que se enfrentó a ellos en Varna era mucho mayor: según algunas crónicas, contaba con casi sesenta mil soldados.

Al igual que en Nicópolis medio siglo antes, los otomanos llegaron para aliviar la ciudad, interponiendo a los cristianos entre ellos y las murallas. El 10 de noviembre, los dos bandos se enzarzaron en un encarnizado combate, en el que el rey Vladislao dirigió personalmente una carga de caballería contra Murad, que se encontraba en la retaguardia con su guardia real. Sin embargo, a pesar del valeroso esfuerzo de los cristianos por romper la línea otomana, triunfaron los arqueros musulmanes y la superioridad de la infantería. Vladislao murió en la batalla y los cristianos fueron derrotados. El reino otomano volvía a estar a salvo.

Antes de su muerte en 1451, Murad II lideró el proceso de reunificación de los territorios otomanos perdidos. Tras su victoria en Varna, se aseguró de eliminar a los enemigos de la corte de su hijo, rodeándolo solo de aquellos funcionarios a los que conocía personalmente y en los que confiaba. Sofocó una pequeña sublevación militar y se dispuso a imponer un firme control sobre sus vasallos. En Europa, eliminó a los líderes locales e instaló gobernantes otomanos, con lo que la mayor parte del sudeste de los Balcanes quedó bajo dominio otomano directo. Todos los príncipes locales fueron sustituidos por administradores turcos, ya que Murad se dio cuenta de que depender de vasallos extranjeros suponía una gran amenaza para la unidad del imperio. En 1450, también se defendió de otra invasión húngara en Tracia y obligó a la provincia fundamental de Valaquia a aceptar la soberanía otomana.

En resumen, los últimos cinco años del reinado de Murad II fueron testigos de una serie de rápidas transformaciones políticas y del inicio del proceso de construcción de un verdadero imperio a partir del Estado otomano.

La toma de Constantinopla

Tras la muerte de Murad II en 1451, su hijo Mehmed, ya mayor de edad, se convirtió en el nuevo sultán otomano. Gracias a los incansables esfuerzos de su padre, quien, a pesar de sus logros militares, nunca fue muy belicoso y prefería la erudición y un estilo de vida pacífico a los conflictos, el clima político era bastante favorable para el nuevo sultán. Las fronteras del reino habían vuelto a ser las que habían sido durante el reinado de Bayezid I, y había una relativa estabilidad en Anatolia y los Balcanes.

Los otomanos eran sin duda la facción más fuerte de la región y, por primera vez en más de cinco décadas, la perspectiva de una mayor expansión parecía realista. Los timúridas se debilitaban en el este, dejando los principados turcos potencialmente abiertos a una invasión. En el noroeste, los húngaros casi habían renunciado a atacar las posesiones otomanas, mientras que los vasallos cristianos no mostraban signos de rebelión.

Sin embargo, el sultán Mehmed II no eligió ninguna de estas opciones tradicionales como primer objetivo. En su lugar, había puesto sus ojos en la joya de la corona de la civilización, Constantinopla, que aún estaba bajo el control del emperador bizantino. Constantinopla era una de las ciudades más ricas e importantes de todo el mundo conocido a mediados del siglo XV, y sus enemigos habían intentado tomarla en múltiples ocasiones a lo largo de muchas generaciones, con más éxito en unos casos que en otros. Situada justo en el estrecho del Bósforo, la ciudad ocupaba una posición estratégica, controlando el flujo comercial entre el mar Negro y el Mediterráneo, algo que había contribuido enormemente a su crecimiento y había abastecido a la ciudad durante muchos siglos. Situada en la parte central de las tierras controladas por los otomanos, Constantinopla había sido durante mucho tiempo un objetivo lógico, pero los sultanes nunca habían conseguido apoderarse de ella, a pesar de haber reducido el otrora poderoso Imperio bizantino a un patético enclave político.

Quizás, sobre todo, la toma de Constantinopla tendría enormes implicaciones simbólicas, además de las políticas y económicas más obvias. Simbolizaba la «vieja gloria» del Imperio romano, algo que los turcos habían emulado anteriormente en el sultanato de Rum, cuando se veían a sí mismos como los verdaderos sucesores de los romanos. Refiriéndose a menudo a la ciudad como Kizil Elma (la «Manzana Roja»), los otomanos veían Constantinopla como su objetivo, una posesión preciada que elevaría realmente el estatus del estado turco al siguiente nivel.

Las posesiones de Constantinopla en 1453
NeimWiki, CC BY-SA 4.0 <https://creativecommons.org/licenses/by-sa/4.0>, vía Wikimedia Commons; https://commons.wikimedia.org/wiki/File:4KPALAIOLOGOS2.png

Comenzó así un proceso de preparativos para tomar la ciudad muy pesado y laborioso. Durante casi tres años tras la subida al trono de Mehmed II, los otomanos movilizaron todas sus fuerzas y se sometieron a un riguroso procedimiento para ablandar las defensas de la ciudad. Se construyeron dos fortalezas a ambos lados del Bósforo, a solo un par de millas de Constantinopla, para supervisar el bloqueo total de la ciudad y destruir cualquier barco que intentara atravesarlo. Mehmed II desvió toda su atención al asedio, asfixiando lentamente al emperador Constantino XI Paleólogo dentro de las murallas de la ciudad presionando desde todos los flancos. Las fuerzas otomanas se colocaron como patrullas para defender la región de cualquier fuerza de socorro que pudiera llegar de la Europa cristiana para salvar Constantinopla.

El emperador escribió varias veces al papa Nicolás V pidiéndole que convocara una cruzada para acudir en su ayuda, pero el papa, que no tenía influencia real sobre los católicos en aquella época y debido a las recientes derrotas de los cristianos a manos del sultán Murad II, no pudo reunir a los cristianos. Con el tiempo, solo llegaron a Constantinopla unos dos mil soldados europeos para reforzar la ciudad, en su mayoría procedentes de los estados italianos de Venecia y Génova, que tenían colonias en las islas cercanas del Mediterráneo, lo que hacía que la guarnición tuviera unos siete mil efectivos, que no era nada comparado con lo que los otomanos podían aportar. Constantino XI incluso intentó enviar emisarios al sultán Mehmed, ofreciéndole convertirse en su vasallo y pagar tributo para evitar el conflicto, pero el sultán respondió asesinando a los dignatarios, ya que consideraba insultante la petición del emperador bizantino.

Sultán Mehmed II

https://commons.wikimedia.org/wiki/File:Fatih_Sultan_Mehmed_Han_-_%D8%A7%D9%84%D8%B3%D9%84%D8%B7%D8%A7%D9%86_%D9%85%D8%AD%D9%85%D8%AF_%D8%AE%D8%A7%D9%86_%D8%A7%D9%84%D9%81%D8%A7%D8%AA%D8%AD.jpg

Finalmente, tras años de preparación, Mehmed estaba listo para atacar. Para tomar la ciudad, reunió una de las fuerzas otomanas más poderosas hasta ese momento, contando con no menos de setenta mil soldados, la mayoría de ellos de la más alta calidad. Y lo que era más importante, la fuerza otomana contaba con un importante contingente de artillería, nuevos cañones y bombardas (grandes cañones) que funcionaban con pólvora y eran más que necesarios durante los asedios. El sultán Mehmed supervisó personalmente la contratación de algunos de los ingenieros militares capaces de construir tales armas.

En abril de 1453, Mehmed II marchó sobre la ciudad y también envió sus barcos para un asalto naval. Como los barcos no podían atravesar el estrecho encadenado del Cuerno de Oro, justo al sur de Constantinopla, Mehmed ordenó sacar los barcos del agua y arrastrarlos por tierra para sortear las defensas y llegar a la ciudad. Con todo, fue un espectáculo aterrador para los bizantinos, con cientos de personas intentando abandonar la ciudad para escapar de su inminente perdición. Mehmed estaba más cerca que nunca de tomar la ciudad; había llegado más lejos que ningún otro sultán.

Alcanzada la ciudad a principios de abril, los otomanos iniciaron su bombardeo, intentando seguir las brechas en las murallas con asaltos frontales. Estos primeros intentos tuvieron un éxito desigual, ya que la infantería otomana fue repelida por un intenso fuego de arqueros, lo que dificultó bastante el avance sin sufrir muchas bajas. Aunque la artillería ablandó las murallas, aún eran los primeros días de los cañones, por lo que necesitaban mucho tiempo para recargar, lo que permitía a los defensores tener tiempo para movilizar sus defensas. Entonces, el ejército otomano decidió construir una red de túneles para intentar pasar por debajo de las altas murallas de piedra de Constantinopla, las cuales rodeaban la ciudad y tenían casi veinte kilómetros (doce millas) de longitud total. Por desgracia para los atacantes, tras semanas de planificación y excavación del sistema de túneles para acceder a la ciudad, los bizantinos pudieron obtener información sobre su plan tras capturar a algunos oficiales otomanos, que fueron torturados y obligados a revelar los planes del ejército.

Sin embargo, a pesar de estos contratiempos, estaba claro que, tarde o temprano, los otomanos simplemente arrollarían a los griegos debido a su significativa ventaja numérica y a la mayor calidad de sus tropas. A finales de mayo, tras más de un mes de idas y venidas, Mehmed II envió una carta a Constantino XI exigiendo al emperador la rendición de la ciudad. A cambio, Mehmed prometía dejarlo a él y a los habitantes evacuar en paz. Constantino se negó a ceder el control de la ciudad, pero accedió a declarar a Mehmed su soberano y a pagarle anualmente cuantiosos tributos. Aunque el emperador esperaba que esto convenciera al sultán, prácticamente firmó su sentencia de muerte con su respuesta.

El asalto final a la ciudad comenzó el 29 de mayo, tras tres días de intensos preparativos por parte de los otomanos. Oleadas de fuerzas otomanas cargaron contra los bizantinos y lograron derrotar a los defensores en múltiples puntos de estrangulamiento de las murallas exteriores. Tras herir al comandante genovés, la moral de los otomanos se disparó, mientras que los bizantinos empezaron a desmoronarse. Los atacantes se abrieron paso, y miles más los siguieron dentro de la ciudad. El emperador Constantino fue asesinado durante los combates. Constantinopla había caído.

Mehmed II captura Constantinopla, pintura de Jean-Joseph Benjamin-Constant
https://commons.wikimedia.org/wiki/File:Benjamin-Constant-The_Entry_of_Mahomet_II_into_Constantinople-1876.jpg

Las fuerzas otomanas se habían ganado el derecho al pillaje y al asalto, y durante días recorrieron la ciudad. El sultán marchó directamente hacia Santa Sofía, quizá la mayor catedral ortodoxa, y declaró que a partir de entonces sería una mezquita. A continuación, proclamó Constantinopla como su nueva capital, cambiando para siempre el legado otomano.

El 2 de junio, tras tres días de saqueos, Mehmed ordenó a sus ejércitos que se detuvieran, al ver que la ciudad había quedado reducida a ruinas. Creía que un verdadero emperador nunca trataría así de despiadadamente a sus súbditos y se comprometió a reconstruir Constantinopla para devolverle su antigua gloria. Muy pronto, con la construcción de nuevas murallas, mezquitas, puertos y bazares, la ciudad conoció un periodo de gran renacimiento y siguió actuando como uno de los centros de la civilización europea. En cuanto a la población griega de la ciudad, Mehmed mostró la máxima tolerancia hacia ellos, permitiéndoles seguir rezando en las iglesias ortodoxas. Muchas crónicas hablan de la sorprendente amabilidad con que Mehmed trató a los conquistados en la ciudad, afirmando que fue mucho más tolerante y mucho menos violento que lo que habían hecho los cruzados cristianos en 1204. A ojos de Mehmed, había heredado el noble trono del emperador romano, convirtiéndose en el Fâtih, o el «Conquistador».

Absolutismo otomano

La caída de Constantinopla es sin duda uno de los acontecimientos más impactantes de la historia medieval. Inició una cadena de acontecimientos políticos que transformaron rápidamente el orden mundial del siglo XV e influyeron en el proceso político durante muchos siglos en el futuro. Aunque la mayoría de los monarcas de Europa occidental habían ignorado previamente la amenaza potencial de los otomanos y se mostraban reacios a reconocer su verdadero poder, ahora se vieron obligados a reconocer que un nuevo imperio había asumido el dominio de la región. De hecho, la caída de Constantinopla puede considerarse el inicio de la «edad de oro» otomana y el periodo a partir del cual el Estado turco emergió como un verdadero imperio.

En cuanto a Mehmed II, fue solo el principio. Solo tenía veintiún años cuando consiguió la hazaña que habían deseado los gobernantes que lo precedieron. Así, fresco tras su magnífica victoria, pronto empezaría a trabajar para aumentar su poder sobre sus súbditos y asegurarse el control total de su imperio. Mehmed II fue uno de los primeros gobernantes otomanos que realmente abrazó el absolutismo como forma de gobernar, distinguiéndose de todos los que estaban por debajo de él. Debía ser la única persona del reino que tomara decisiones, y cualquiera que osara oponerse a él encontraría un final espantoso, algo que demostró muchas veces a lo largo de su reinado. Mehmed se construyó un nuevo castillo en Constantinopla, con vistas al Bósforo, que le permitía aislarse del resto de los funcionarios a sus órdenes. Esto era radicalmente distinto a lo que habían hecho antes los sultanes otomanos; normalmente, siempre estaban en medio de la toma de decisiones sobre cada asunto y hablaban con sus sirvientes, comandantes y otros funcionarios.

Las conquistas de Mehmed no se detuvieron en Constantinopla, ya que tuvo que enfrentarse, una vez más, a la cuestión de los estados vasallos otomanos en los Balcanes. A partir de 1454, Mehmed se enzarzó en una serie de conflictos con los húngaros por la cuestión de Serbia, sobre la que planeaba imponer su influencia. Fracasó en su intento de capturar Belgrado en 1456, pero un par de años más tarde, en 1459, logró derrotar a la oposición serbia, ocupando directamente gran parte de sus tierras.

Tras tomar como vasallo a Serbia, Mehmed II dirigió su atención hacia Venecia, que poco a poco se había convertido en uno de los reinos más ricos de Europa. A través de sus colonias, la república italiana poseía una parte considerable de las tierras de Corinto y suponía una amenaza potencial para el control otomano de la región. Mehmed nunca llegaría a socavar realmente la influencia de los venecianos en Grecia, que seguían apoyando a su propio pueblo gracias a su poderío naval y a las fortalezas férreamente defendidas de la zona.

El sultán otomano encontró el mayor éxito en Bosnia, territorio que invadió en 1463 después de que los enfrentamientos con Venecia resultaran ineficaces. A pesar de ser cristianos ortodoxos, los bosnios que vivían en los territorios ocupados por los otomanos estaban bastante abiertos a la conversión al islam. Esto llevó a la construcción de muchas mezquitas y escuelas musulmanas en las ciudades, y la cultura bosnia pronto adoptó elementos islámicos, fusionándolos con sus orígenes eslavos. La nobleza bosnia se convirtió en estrecha aliada de los otomanos y a menudo fue recompensada por los diferentes sultanes por su integridad.

Después de Bosnia, Mehmed II se enfrentó a su mayor desafío hasta la fecha. A principios de la década de 1460, Anatolia oriental había visto surgir a un nuevo gobernante musulmán que adquirió tanto poder en la región que se estableció como rival del sultán Mehmed. Su nombre era Uzún («Alto») Hasán. Uzún Hasán asumió el poder como gobernante de Aq Qoyunlu, un principado del sudeste de Anatolia, y derrotó rápidamente a los beylicatos fronterizos, llegando incluso a conseguir una victoria contra los timúridas y apoderándose de las tierras de Mesopotamia e Irán. Cuando Mehmed invadió Bosnia, los territorios de Uzún Hasán se extendían desde el golfo Pérsico hasta la costa meridional del mar Negro, lo que lo convertía en un rival natural del sultán otomano.

El rápido ascenso de Aq Qoyunlu fue percibido inmediatamente por otros enemigos otomanos, concretamente Hungría y Venecia, que no tardaron en aliarse con el jefe turcomano y suministrarle oro y armas para hacer la guerra a los otomanos. La invasión de los últimos beylicatos independientes de Anatolia por Mehmed II acabó por desencadenar el conflicto entre ambos bandos. Entre 1468 y 1470, el sultán otomano conquistó Karaman y Dulkadir, que actuaban como amortiguadores entre su reino y Aq Qoyunlu. Motivado por los cristianos y los jefes de Karaman para hacer la guerra a Mehmed, Uzún Hasán movilizó sus fuerzas y declaró la guerra en 1472.

El plan era simple. Uzún Hasán atacaría a los otomanos en Anatolia, liberaría los beylicatos anexionados y se acercaría a Constantinopla, mientras que los venecianos causarían distracciones en la parte occidental del imperio con su armada. Sin embargo, Mehmed II esperaba desde hacía tiempo una invasión de Uzún Hasán y pudo reunir al ejército otomano experimentado en toda su extensión. Con una fuerza de al menos setenta mil hombres, los dos líderes se enfrentaron en el noreste de Anatolia en agosto de 1473. En la batalla de Otlukbeli, los otomanos fueron capaces de utilizar eficazmente su superioridad tecnológica, abatiendo al enemigo con los cañones más modernos, que habían visto muchas mejoras desde el asedio de Constantinopla.

Con su ejército aplastado, Uzún Hasán se vio obligado a huir, pero la caballería otomana persiguió al enemigo durante bastante tiempo, llegando a capturar a miles de prisioneros tras la batalla. En el camino de regreso de los otomanos a Constantinopla, ahora rebautizada Estambul, Mehmed II ejecutó a cientos de hombres de Aq Qoyunlu en diferentes ciudades de los beylicatos turcos, demostrando una vez más a sus súbditos el poderío del Imperio otomano.

Pero el sultán otomano aún no había terminado con las conquistas. Aunque los turcos de Aq Qoyunlu habían sido derrotados, las naciones cristianas de Venecia y Génova, que habían surgido como rivales de los otomanos en las últimas décadas, seguían teniendo una influencia considerable en la región. Venecia y Génova eran Estados ricos. Podían pagar a ejércitos mercenarios grandes sumas de dinero para que lucharan por ellos, además de contar con las armadas más grandes y poderosas del Mediterráneo. No solo habían colonizado las islas del Mediterráneo, sino que también habían llegado hasta el mar Negro, organizando puestos comerciales en Crimea, el Cáucaso y el norte de Anatolia y haciéndose con el control de las valiosas rutas comerciales navales.

Consciente de la amenaza que representaban, Mehmed II lanzó una serie de campañas contra las colonias italianas tras su victoria contra Uzún Hasán. A finales de 1475, había conseguido arrebatar a Génova las valiosas ciudades de Sinop, Kaffa y Trebisonda, al tiempo que reducía la presencia de Venecia en los Balcanes tomando partes de Albania y varias islas del Mediterráneo. A cambio de la paz y del derecho a comerciar en los mares controlados por los otomanos, los estados italianos se vieron obligados a pagar tributos anuales al sultán otomano. Mehmed también ofreció protección a los tártaros que habitaban la península de Crimea y estaban técnicamente bajo el control de la Horda de Oro. Con Crimea de su lado y Venecia y Génova debilitadas, el sultán otomano se había convertido en el único dueño del comercio naval tanto en el mar Negro como en el Mediterráneo oriental.

Mehmed II, también conocido como Mehmed el Conquistador, fue un sultán otomano asombroso que consiguió elevar el reino a un nivel completamente diferente. Por supuesto, la toma de Constantinopla figura entre sus mayores logros. Pero Mehmed II también se esforzó por defender el imperio de sus enemigos y extender su influencia mucho más allá que cualquier otro sultán anterior. Como tal vez el primer gobernante absolutista del Imperio otomano, sentó las bases para la creación de un gobierno más moderno y burocrático, ayudando al imperio a iniciar su transformación desde sus raíces anticuadas y tradicionales a unos estándares que eran, a todas luces, europeos.

Mehmed II, un hombre que valoraba la disciplina y la lealtad, pero que también era abierto y tolerante cuando era necesario, sigue siendo una de las figuras más interesantes de la historia otomana. Antes de su muerte en 1481, tras casi treinta años de gobierno, Mehmed planeó la invasión de Italia e incluso había establecido una base en Otranto para perseguir sus objetivos de recuperar la gloria que antaño ostentó el Imperio romano. Quién sabe qué habría ocurrido si el sultán, que aún era bastante joven, pues solo tenía 49 años, hubiera vivido para llevar a cabo sus planes.

Bayezid II

Tras la muerte de Mehmed II, el Imperio otomano se vio inmerso en una breve guerra de sucesión entre sus dos hijos mayores: el príncipe Cem y el príncipe Bayezid. En el momento de la muerte del sultán, no se había designado a ningún heredero para continuar la sucesión, lo que complicó la situación. Así pues, varias figuras políticas poderosas obtuvieron el apoyo del cuerpo del ejército jenízaro estacionado en Estambul y asesinaron al gran visir Mehmed Pasha, que había sido la mano derecha de Mehmed II y favorecía el acceso al trono del príncipe Cem. Esto permitió al príncipe Bayezid declararse nuevo sultán, mientras que el príncipe Cem se vio obligado a reunir a sus partidarios en la ciudad de Bursa. Allí, el príncipe Cem proclamó que él era el heredero legítimo al trono y propuso que él y su hermano dividieran el imperio en dos, con Cem convirtiéndose en el gobernante de Anatolia y Bayezid gobernando la parte occidental de las tierras otomanas. Por supuesto, esto no fue tolerado por Bayezid, que reunió a sus ejércitos y se enfrentó a su hermano cerca de la ciudad de Yenişehir, donde derrotó a Cem y puso fin a la disputa, o al menos eso creía.

El príncipe Cem y varios de sus poderosos partidarios lograron escapar de la batalla y huyeron a los territorios mamelucos en busca de refugio político. Allí, los mamelucos proporcionaron al joven príncipe un ejército suficiente para suponer una amenaza a las pretensiones de Bayezid. Los mamelucos se dieron cuenta de que una disputa sucesoria en el Imperio otomano significaba un rival más débil y trataron de explotar la situación todo lo que pudieron. Con ánimo renovado, en 1482, el príncipe Cem marchó a Anatolia desde Siria, acompañado de algunos *beys* locales que habían sido despojados de sus títulos por Mehmed durante sus conquistas y guardaban rencor al sultán. Prometiendo restaurar su independencia y libertad a cambio de apoyo militar, Cem promovió una rebelión total de la nobleza turca contra

Bayezid y vio crecer su número a medida que se acercaba a su hermano.

Sin embargo, a pesar de sus esfuerzos e incluso con el apoyo de los mamelucos y la aristocracia turca, el ejército de Cem fue derrotado en múltiples ocasiones por Bayezid, la más importante en la ciudad de Konya en el verano de 1482. Ya sin esperanzas, el príncipe Cem se vio obligado a huir a la isla de Rodas, entonces ocupada por los caballeros hospitalarios, temeroso de que su hermano lo ejecutara por traición.

De este modo, Bayezid II se convirtió en el único sultán del Imperio otomano y, hasta su muerte en 1512, consiguió fortalecer el reino que le había legado su padre. Esto no quiere decir que en su reinado no hubiera guerras. Al contrario, desde principios de 1484, Bayezid se vio inmerso en un conflicto con los mamelucos, que ahora eran el principal rival del Imperio otomano. La guerra duró hasta 1491, año en que los mamelucos pidieron la paz para hacer frente a sus problemas internos. Esto significó que los otomanos asumieron, por primera vez, el dominio casi total de la península de Anatolia.

Bayezid II también hizo campaña contra los europeos, derrotando a los moldavos en el norte y capturando las valiosas fortalezas de Kilia y Akkerman en la costa occidental del mar Negro en 1485. Esto aumentó aún más el poder de los otomanos en la región, permitiendo al sultán impulsar una mayor expansión en Europa oriental. El Imperio otomano se vio envuelto en una larga guerra con el reino de Polonia, que duró hasta 1498. Los polacos intentaron muchas veces lanzar con éxito ofensivas contra las posesiones turcas de Moldavia, pero finalmente fueron derrotados en 1497 en la batalla del bosque de Cosmin, lo que los obligó a aceptar la paz.

Bayezid emprendió la guerra contra la República de Venecia en 1499. Finalmente consiguió reducir la influencia italiana en Grecia capturando valiosos castillos en Modon, Lepanto, Koroni y Navarino. En 1503, los venecianos se vieron obligados a firmar un acuerdo de paz que los obligaba a renunciar a gran parte de sus colonias en el Mediterráneo oriental. Los otomanos controlaron así el flujo comercial del mar Negro al Mediterráneo, y los puertos turcos crecieron rápidamente en tamaño y riqueza tras los éxitos de su sultán.

Además de sus guerras, el sultán Bayezid II también mejoró el sistema administrativo del Imperio otomano, siguiendo de nuevo los pasos de su padre. Durante su reinado, el sultán se aseguró de rodearse de los hombres en los que personalmente confiaba, a pesar de su estatus previo en la sociedad o su apellido. Los viejos aristócratas turcos eran tan favorecidos para ocupar puestos en el gobierno como las nuevas caras que habían aparecido en la corte a través del sistema del *devshirme*, que reclutaba súbditos aptos para el gobierno entre los súbditos balcánicos del sultán. El sistema del *devshirme* produjo un número considerable de hombres «turquizados» de noble ascendencia cristiana, pero Bayezid fue el primer sultán en utilizarlos eficazmente en su administración. Al final de su reinado, no solo había muchos visires *devshirme* ocupando puestos de alto rango, sino que también actuaban como núcleo equilibrador de la nobleza turca, que había disfrutado de un amplio dominio antes de la implantación del sistema.

Además de dar más influencia a los *devshirme* para lograr un mejor equilibrio de sus súbditos, Bayezid II también introdujo políticas económicas más liberales, especialmente después de que el éxito de su guerra con Venecia aumentara enormemente el flujo de riqueza hacia el imperio. Durante el reinado de Mehmed II, se aumentaron los impuestos a todos los terratenientes para apoyar el esfuerzo bélico. Los aranceles aduaneros eran elevados y la moneda estaba devaluada. Bayezid, en cambio, bajó los impuestos al campesinado y redistribuyó las tierras, dándoselas a quienes les habían sido arrebatadas en el pasado. También se redujeron las tasas aduaneras para animar a los comerciantes extranjeros a pasar por los territorios otomanos, ya que el imperio controlaba el flujo comercial de la región.

Durante la segunda mitad de su reinado, el sultán optó por prestar menos atención a la administración cotidiana del imperio, confiando el asunto a su gran visir. En su lugar, pasó más tiempo en palacio, ya que era aficionado a las artes y deseaba ampliar sus conocimientos. Durante todo este tiempo, fomentó la creación de obras literarias, musicales y artísticas. Bajo su mandato, los primeros manuscritos de historia otomana fueron realizados por historiadores locales.

En sus últimos años, el sultán se enfrentaría a un desafío que marcaría el principio del fin de su reinado. A principios del siglo XVI, surgió una nueva amenaza en el este: el Imperio persa safávida. El escenario era similar al del pasado. Los safávidas habían conseguido consolidar rápidamente los territorios iraníes bajo su control y acabaron por llegar al este de Anatolia, conquistando todo lo que encontraban a su paso. Siendo musulmanes chiíes y seguidores del movimiento sufí, los safávidas se enfrentaron a los otomanos después de que estos se hicieran con el control de Bagdad en 1504 y supusieran una amenaza para el principado de Dulkadir, en el este de Turquía. Sus agentes, principalmente imanes chiíes sufíes (esencialmente sacerdotes musulmanes), acudieron en masa a los territorios otomanos y empezaron a ganarse una base de seguidores, adquiriendo prominencia entre los turcos e instigando una serie de revueltas en 1511.

Para entonces, el sultán Bayezid había envejecido y se había debilitado, por lo que era necesario un cambio de liderazgo para hacer frente a los safávidas. La política del sultán hacia los iraníes era de apaciguamiento, algo que muchos en el imperio consideraban cobarde. A principios de 1512, el príncipe Selim, el menor de los tres hijos del sultán, convenció a los jenízaros para que lo apoyaran en el derrocamiento de su padre. Selim obligó a Bayezid a abdicar, y el viejo sultán accedió para evitar el conflicto y un posible derramamiento de sangre. Declaró a Selim nuevo sultán otomano y abandonó Estambul para pasar el resto de sus días en paz. Por desgracia, murió antes de llegar a su destino.

Selim el Severo

El sultán Selim era muy distinto a su padre en casi todo, desde su personalidad hasta sus decisiones como gobernante. A diferencia de Bayezid, quien, a pesar de sus victorias en las guerras contra los vasallos cristianos, nunca fue demasiado aficionado a la guerra, Selim adoptó una política exterior más agresiva y expansionista, impulsada principalmente por el dominio safávida en el este y el reciente debilitamiento de la influencia otomana en Anatolia. Así, el gobierno de Selim se caracteriza por la mayor importancia de la infantería jenízaro, que era el núcleo del ejército otomano en el siglo XVI y había actuado como una de las herramientas más instrumentales cuando Selim arrebató el poder a Bayezid a principios de 1512. La decisión de depender en gran medida de los jenízaros dio sus frutos al sultán, que tuvo que hacer frente a problemas externos en los primeros meses de su reinado.

En el este, los safávidas se habían unido bajo un poderoso gobernante —el sah Ismail— y se habían apoderado de partes de Anatolia oriental, Georgia y Siria. Los súbditos conquistados del Imperio safávida fueron obligados a convertirse al islam chií y pronto constituirían el núcleo del ejército del imperio. Llegaron a ser conocidos como los *kizilbash* («pelirrojos») por su infame tocado rojo. Apoyaron al sah Ismail en su objetivo de reunificar el histórico Imperio persa, que abarcaba el territorio desde Asia Central hasta Jerusalén. Así pues, los intereses de

Selim e Ismail chocaron directamente, esta vez no solo como jefes de dos imperios, sino también como representantes de las dos ramas principales del islam.

En las primeras campañas de Selim en Anatolia oriental, encontró una dura resistencia por parte de la población turca chií de la región. No bastaba con derrotar a las fuerzas kizilbash para garantizar su lealtad. Selim creía que debía castigar severamente a los que habían cambiado su forma de vida y se habían convertido, así que empezó a destruir el sistema social que se había establecido tras la conquista safávida. Los imanes chiíes habían hecho muy bien su trabajo y habían creado en gran medida un sentimiento antisuní en los pueblos tradicionalmente suníes del este de Anatolia. Sin embargo, Selim perseveró. A medida que conquistaba las provincias perdidas y aplastaba las guarniciones safávidas, ejecutaba a miles de hombres y mujeres cuyas actitudes, pensaba, suponían un problema para su gobierno.

La despiadada campaña de Selim se prolongó hasta 1514, cuando finalmente se enfrentó a un gran ejército safávida en la llanura de Chaldiran. En una batalla decisiva, Selim logró aplastar a los safávidas, hiriendo y casi capturando al sah Ismail, que se vio obligado a huir del campo de batalla. Solo unos pocos miles de safávidas sobrevivieron de su número inicial de cuarenta mil, lo que dio a los otomanos acceso directo a más territorios del Imperio safávida, una oportunidad que fue rápidamente aprovechada por el sultán Selim, quien, por primera vez en la historia otomana, logró unificar las provincias orientales de Anatolia e incluso conquistó partes de Irak. A continuación, avanzó hacia el este, hasta el actual Azerbaiyán, y conquistó la ciudad de Tabriz, que redujo significativamente la presencia safávida en la región.

Miniatura de la batalla de Chaldiran

https://commons.wikimedia.org/wiki/File:%22Shah_Ismail_at_the_Battle_of_Chaldiran%22,_fro m_Bijan%E2%80%99s_Tarikh-i_Jahangusha-yi_Khaqan_Sahibqiran.jpg

Después de sus victorias, el sultán detuvo brevemente la ofensiva, quizás porque sus tropas estaban demasiado cansadas tras meses de lucha constante. Aunque la guerra con los safávidas no había terminado oficialmente, Selim había conseguido al menos derrotar la amenaza inmediata de otra invasión. Así que dirigió su atención hacia el sur, hacia los mamelucos, que durante mucho tiempo habían sido uno de los imperios musulmanes más fuertes del mundo. Los mamelucos siempre habían sido una espina clavada en el costado de los gobernantes otomanos, ya que aprovechaban cualquier oportunidad para debilitar a los turcos y aumentar su influencia en la disputada región fronteriza de Cilicia, entre Siria y el resto de Anatolia. Los mamelucos, que poseían los lugares santos islámicos de La Meca y Medina, eran tradicionalmente musulmanes suníes, pero Selim decidió sin embargo hacerles la guerra basándose en el hecho de que habían apoyado a los safávidas chiíes en las conquistas de las provincias orientales de Anatolia.

Selim hizo campaña contra los egipcios y marchó a Siria a principios de 1516. En agosto se enfrentó a un gran ejército mameluco de no menos de sesenta mil hombres al norte de Alepo y se enzarzó en una de las batallas más decisivas de la historia, ya que determinó el destino de Oriente Próximo durante siglos. En la batalla de Marj Dabiq, los otomanos lograron una ajustada victoria contra los mamelucos, gracias a la superioridad de sus tropas, y dieron muerte al sultán mameluco, Qansuh al-Ghawrí, desbaratando al ejército egipcio. Su victoria les permitió tomar varias ciudades importantes, como Alepo, Damasco y Jerusalén.

A finales de 1516, las conquistas otomanas abarcaban toda la costa oriental del Mediterráneo, y el sultán Selim llegó a la capital mameluca de El Cairo a principios de 1517, tras derrotar al resto de las fuerzas mamelucas en la batalla de Ridaniya. Los otomanos habían matado al nuevo sultán mameluco, Tuman bay II, en la batalla y habían llegado a las murallas de El Cairo con su cabeza en una pica.

Así, El Cairo también cayó en manos de los otomanos, seguido por el resto de Egipto y las últimas posesiones del sultanato mameluco. Tras incorporar todos estos territorios a su reino, el sultán Selim se convirtió en el primer gobernante otomano que extendió el Imperio otomano por tres continentes (Europa, Asia y África). El Imperio otomano era ahora el Estado islámico más poderoso e indiscutible del mundo y, por fin, poseía los lugares santos de La Meca y Medina.

Fue un momento crucial en la historia otomana. Gracias a los esfuerzos de Selim, el imperio abarcaba ahora el mayor territorio que jamás había controlado. Las victorias contra los safávidas y la conquista de los mamelucos aseguraron el surgimiento del Imperio otomano como quizás el imperio más poderoso del mundo. Selim había creado un imperio cuyo dominio sería muy difícil de desafiar gracias a su ejército fuerte, moderno y disciplinado, que contaba con años de experiencia sobre el terreno. Su naturaleza estricta y despiadada también contribuyó positivamente al establecimiento de la autoridad del sultán.

El sultán Selim ha llegado a ser conocido como «el Severo" por su terrible personalidad, pero no por ello dejó de ser una figura fundamental en la historia del Imperio otomano.

Solimán el Magnífico y la edad de oro otomana

El príncipe Solimán (también llamado Suleyman) subió al trono tras la muerte de Selim en 1520. El difunto sultán se había asegurado de que no hubiera problemas de sucesión tras su fallecimiento. En cuanto se convirtió en sultán, masacró a muchos miembros de su familia y solo dejó con vida a Solimán como su verdadero sucesor. Así, Solimán, de veintiséis años, se convirtió en el nuevo sultán sin ninguna dificultad.

Durante su reinado, el Imperio otomano alcanzaría la cima de su poder y se convertiría realmente en la potencia más temida del mundo. Por sus increíbles logros militares, diplomáticos, sociales y económicos como sultán, Solimán sería recordado para siempre como «el Magnífico». Fue quizás el mayor gobernante de la historia otomana.

Tras hacerse cargo del reino, cuyo tamaño había aumentado enormemente gracias a su padre, Solimán trató de consolidar los logros en los territorios asiáticos y africanos, así como de seguir expandiéndose por Europa. Afirmó su dominio sobre Hungría, que acabaría dando a los otomanos acceso al corazón del continente. La reanudación de la guerra santa no era más que el primer paso en la persecución de la dominación mundial por parte de Solimán, un objetivo que había sido planteado por su padre.

La invasión de Hungría estaba justificada gracias a varios acontecimientos que habían tenido lugar en Europa en el siglo XVI y que habían debilitado la fuerza del continente en general. Sobre todo, la Reforma protestante, que se extendió rápidamente por los principados alemanes del Sacro Imperio Romano Germánico, hizo que la población se volviera cada vez más hostil hacia los estados católicos europeos debido a las nuevas diferencias religiosas y de pensamiento. La Reforma había hecho prácticamente imposible la convocatoria de una nueva cruzada contra los otomanos. Y los otomanos, bajo el sultán Solimán, intentarían sacar provecho de las luchas religiosas de los cristianos fomentando el protestantismo en Hungría, que estaba abierta a una invasión, sobre todo porque no contaba con el apoyo de sus aliados cristianos de siempre.

En 1521, Solimán hizo campaña contra el resto de las naciones cristianas de los Balcanes, capturando Belgrado en agosto, lo que le dio el control de los caminos hacia el sur de Hungría. A continuación, en un movimiento sorprendente, el sultán negoció una alianza con el rey Francisco I de Francia. Los franceses mantenían relaciones hostiles con los Habsburgo, que no solo controlaban el Sacro Imperio Romano Germánico, sino también Hungría. La alianza ejercía más presión sobre la casa austriaca, que era, en esencia, el enemigo común tanto de los otomanos como de los franceses.

Tras la toma de Belgrado, Solimán se dirigió a la isla de Rodas, que finalmente arrebató a los caballeros hospitalarios en enero de 1522. Estos habían causado problemas durante mucho tiempo a los gobernantes otomanos debido a sus estrechos vínculos con los enemigos de los otomanos.

Solimán (o Suleyman) el Magnífico
https://commons.wikimedia.org/wiki/File:EmperorSuleiman.jpg

Tres años más tarde, la rivalidad entre Francisco I y Carlos V del Sacro Imperio Romano Germánico estalló en una guerra total, y la ayuda del sultán fue necesaria tras la captura del rey francés en el verano de 1525. Solimán se adentró en los territorios húngaros controlados por los Habsburgo. Con la derrota del rey Luis II de Hungría en la decisiva batalla de Mohács, en agosto de 1526, el sultán Solimán rompió el corazón del ejército húngaro y selló el destino del Estado húngaro. Con su rey muerto en el campo de batalla, las ciudades húngaras fueron cayendo una a una. Sobre todo, las fuerzas de Solimán saquearon la ciudad de Buda en septiembre y se apoderaron de gran parte de los territorios del sur de Hungría. El sultán otomano deseaba incluso capturar Viena, que sitió al reanudar su campaña en 1529. Sin embargo, se vio obligado a abandonar el asedio en octubre debido a las extremas condiciones meteorológicas que crearon problemas de abastecimiento a su ejército. No obstante, en 1530, el sultán Solimán había expandido su reino hacia Europa oriental, aprovechando la debilidad del mundo cristiano.

Lo siguiente en su agenda era establecer la supremacía naval en el Mediterráneo, donde Venecia y Génova, a pesar de las pérdidas de sus colonias a finales del siglo XV, seguían siendo dominantes. Solimán nombró almirante a Jeireddín Barbarroja, un antiguo corsario, y le encargó la flota que arrebataría los mares a los italianos. Bajo el liderazgo de Jeireddín Barbarroja, las fuerzas otomanas conquistaron Túnez en 1534, haciéndose con el control de la mayor parte de la costa norteafricana. Luego, en 1538, Jeireddín Barbarroja derrotó decisivamente a una coalición cristiana de Venecia y Nápoles que había sido convocada por el papa Pablo III en la batalla naval de Préveza, a pesar de la ventaja numérica que tenían los cristianos. Con la victoria de Préveza, así como con la toma de la isla de Corfú, controlada por los venecianos un año antes por las fuerzas conjuntas otomano-francesas, Solimán había conseguido afirmar realmente su dominio en el Mediterráneo, obligando a Venecia a pedir la paz en 1540.

Tras ampliar su reino en Europa capturando partes de Hungría y Croacia, incluida la ciudad de Budapest, y después de socavar la supremacía de los venecianos en el Mediterráneo, el sultán Solimán por fin tuvo tiempo de ocuparse de otro de sus problemas: los safávidas. Los safávidas habían quedado confinados en gran parte a Irán tras las victorias de Selim contra ellos, pero los musulmanes chiíes seguían presentes en Irak, Azerbaiyán y el Cáucaso meridional, que lindaban directamente con los territorios otomanos. Como el tratado de paz oficial entre ambas partes nunca se había firmado, periódicamente estallaban pequeñas escaramuzas entre los otomanos y los safávidas, algo a lo que el sultán pretendía poner fin de una vez por todas. Además, algunas naciones europeas, como Portugal, España y Venecia, molestas por el creciente poder de los otomanos en el Mediterráneo y Oriente Próximo, habían intentado contrarrestar la situación entablando buenas relaciones con los safávidas con la esperanza de socavar la fuerza otomana en las regiones disputadas.

Para ahogar realmente a los safávidas de Mesopotamia y Oriente Próximo, el sultán creía que lo mejor era una ofensiva sobre Bagdad y Basora, que permitiría a los otomanos alcanzar el golfo Pérsico y les facilitaría desafiar a los europeos y safávidas en el océano Índico, al tiempo que abriría nuevas oportunidades comerciales para el imperio.

En 1533, paralelamente a su guerra contra los venecianos, el sultán Solimán inició su campaña en Irán. Pero los safávidas, habiendo aprendido de su aplastante derrota a manos del sultán Selim en Chaldiran, decidieron no enfrentarse al poderoso ejército otomano en campo abierto. En su lugar, los safávidas, bajo el liderazgo del sah Tahmasp, se retiraron de sus territorios más occidentales y adoptaron una política de tierra quemada, quemando todo lo que pudiera haber sido utilizado por los otomanos. Los safávidas esperaban que Solimán cambiara de opinión y detuviera su ofensiva.

Sin embargo, a pesar de sus esfuerzos, el sultán Solimán se negó a retroceder y, en 1534, marchó hacia Azerbaiyán. Los otomanos restablecieron su dominio sobre la ciudad de Tabriz antes de pivotar hacia el sur y capturar Mesopotamia, incluida la ciudad de Bagdad, que cayó en manos otomanas sin mucha lucha en noviembre.

Con Bagdad y Tabriz en su haber, el sultán Solimán consolidó sus posesiones más orientales. El Imperio otomano controlaba ahora las ciudades más importantes al oeste del mar Caspio y dominaba la región histórica de Levante. El Imperio otomano mantendría estos territorios hasta la Primera Guerra Mundial. Sin embargo, a pesar de hacerse con estas tierras, el sultán Solimán no podía destruir el núcleo del Irán safávida, y no quería arriesgarse a extenderse demasiado en el este cuando tenía otras campañas en marcha en el Mediterráneo.

Así pues, el sultán decidió esperar. Aunque persistieron las escaramuzas entre los otomanos y los safávidas, una gran fuerza otomana volvería a invadir las tierras safávidas en 1548. Esta vez, Solimán esperaba explotar a los safávidas, que se habían visto envueltos en guerras dinásticas y se enfrentaban a problemas internos. Alqas Mirza, hermano del sah Tahmasp, había huido a los otomanos para pedir asilo político, instando al sultán a entrar en guerra por su reivindicación del trono safávida.

Sin embargo, esta expedición estaba condenada al fracaso desde el principio. Solimán no dirigió él mismo a sus hombres, cediendo el control de su ejército a Alqas Mirza, que no era un comandante especialmente bueno. Los safávidas repelieron las campañas otomanas hasta 1555, cuando ambas partes firmaron el Tratado de Amasya, que puso fin a más de media década de guerra. Según los términos del tratado, ambas partes se repartieron Armenia y Georgia a partes iguales. Los safávidas también recuperaron el control de Tabriz, su antigua capital, mientras que los otomanos conservaron la posesión de sus conquistas iraquíes, incluidas las ciudades de Mosul, Bagdad y Basora.

No es de extrañar que sus contemporáneos se refirieran al sultán Solimán como «el Magnífico» por sus logros. A su muerte, en 1566, era con diferencia el hombre más poderoso de Europa, con un Imperio otomano que abarcaba los Balcanes, Anatolia, Levante, Hiyaz y la costa norteafricana. El imperio tenía vasallos en Valaquia, Moldavia, Georgia y Transilvania. Solimán logró consolidar las conquistas de su padre, afianzando aún más su poder en los territorios recién adquiridos y adentrándose en Europa más que ninguno de sus predecesores. Utilizó hábilmente la agitación sociopolítica de las naciones cristianas que históricamente se habían opuesto a los otomanos. Al construir un poderoso ejército y, por primera vez, una poderosa armada, el sultán Solimán fue sin duda uno de los gobernantes otomanos más emblemáticos y magníficos.

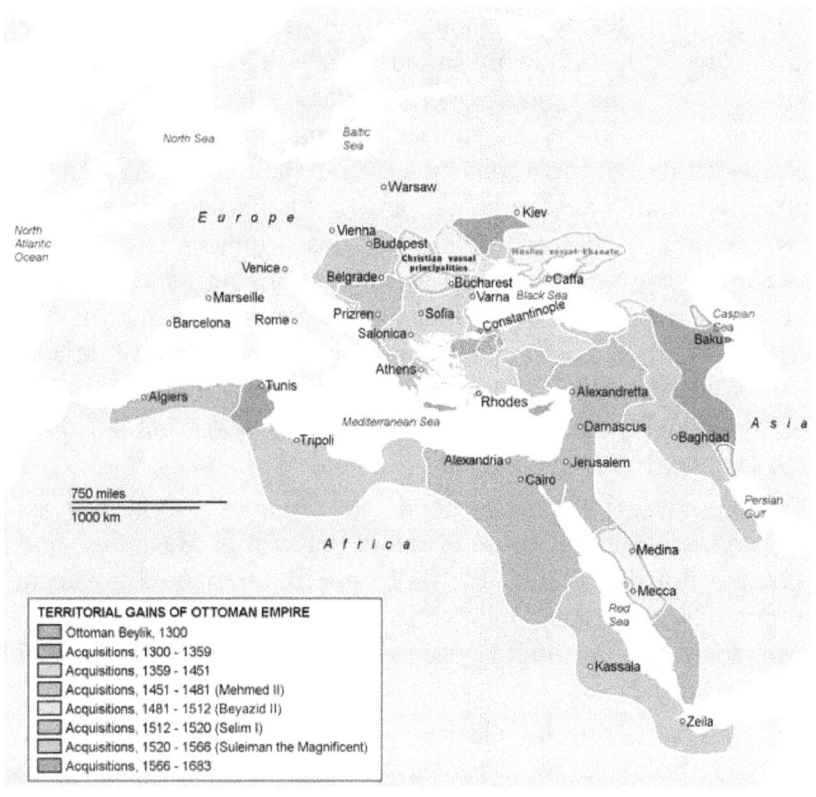

Expansión del Imperio otomano
https://commons.wikimedia.org/wiki/File:OttomanEmpireIn1683.png

Sin embargo, Solimán no solo es recordado por sus conquistas territoriales. Aunque en Occidente se lo conocía como «el Magnífico», en su reino se lo solía llamar «el Legislador» debido a las reformas sociales y legales que llevó a cabo a lo largo de su reinado. Aunque no alteró significativamente la sagrada sharía, la ley islámica, que había sido durante mucho tiempo uno de los fundamentos del imperio, el sultán Solimán sí introdujo un código legal nuevo y más coherente, basándose en las tradiciones y adoptando al mismo tiempo cambios adecuados para su imperio. Sus *qanuns* («leyes dinásticas») abordaron muchos aspectos de la vida cotidiana y mejoraron los sistemas administrativos, como la fiscalidad y el derecho penal. Estos cambios contribuyeron eficazmente al crecimiento económico y social del imperio, llevándolo a nuevas cotas.

Además de las reformas legales, el sultán Solimán contribuyó en gran medida al desarrollo de las artes y la cultura en el Imperio otomano.

Admirador de la literatura y poeta, el reinado de Solimán conoció una edad de oro de la cultura musulmana. El sultán invitó cordialmente a varios artistas a su palacio para trabajar en diferentes proyectos, animando a los jóvenes a iniciar su aprendizaje con artistas más experimentados y a proseguir sus carreras para enriquecer aún más la cultura otomana. La Corona empezó a financiar la construcción de varias mezquitas, acueductos y complejos arquitectónicos, y también pagó a artesanos, pintores y escritores directamente del erario. Algunas de las obras arquitectónicas otomanas más asombrosas fueron resultado directo de Solimán, como la famosa mezquita Süleymaniye de Estambul y la mezquita de Edirne, ambas convertidas en grandes símbolos de la prosperidad del Imperio otomano bajo el sultán Solimán. Aún hoy siguen fascinando a los visitantes.

En definitiva, ha habido pocos gobernantes en la historia que merezcan tantos elogios como el sultán Solimán el Magnífico, que es el más merecedor de su título. Elevó el Imperio otomano a la categoría de superpotencia mundial. Diplomático inteligente, gran estratega, ávido reformador y hombre noble, el legado del sultán Solimán está lleno de gloria y prosperidad.

Por desgracia, tras las alturas que alcanzó el imperio durante el reinado de Solimán, los otomanos estaban condenados a sufrir un periodo de inestabilidad y retroceso, algo que contribuiría lentamente a su declive.

Capítulo Cinco - Declive del Imperio

En el lapso de 150 años, el Imperio otomano pasó de ser solo una potencia regional a una hegemonía mundial. A la muerte del sultán Solimán en 1566, el imperio abarcaba tres continentes, poseía un enorme ejército y una marina competente, controlaba algunas de las rutas comerciales más valiosas del mundo y era temido por sus rivales. Sin embargo, los historiadores suelen coincidir en que el declive del Imperio otomano comenzó lentamente después de Solimán, durante el reinado de su hijo, Selim II, que no consiguió estar ni siquiera parcialmente a la altura del nombre de su padre.

En este capítulo se analizará el turbulento periodo posterior al reinado del sultán Solimán y se examinarán algunas de las causas del lento declive del imperio.

Viejas guerras, nuevos enemigos

El difunto sultán había nombrado sucesor a su segundo hijo mayor, Selim, que también había sido su favorito de los dos. Tal vez esta fuera la peor decisión de Solimán, ya que Selim era distinto a su padre en casi todos los aspectos. Carecía del encanto, la diligencia y la fuerza de carácter de Solimán. En su lugar, el nuevo sultán era llamado a menudo *Sarhoş*, que significa «borracho», debido a su amor por el vino y las mujeres. Como Selim pasaba la mayor parte del tiempo bebiendo y de fiesta, la influencia en la corte fue asumida por Sokollu Mehmet Bajá, que había sido gran visir del sultán Solimán y había ayudado a criar a

Selim cuando era joven. Además, la influencia de Selim también se vio socavada por su esposa favorita, Nurbanu, que a menudo tomaba decisiones en nombre de su marido. Debido a esta despreocupación por gobernar, Selim no es precisamente recordado como un buen sultán.

Sin embargo, los primeros años del reinado de Selim II fueron testigos de la continuación de la política expansionista otomana, que ya se había convertido en una tradición para el reino. Los ejércitos otomanos hicieron campaña en Yemen y restablecieron el dominio del sultán en el sur de la península arábiga en 1568, lo que dio al imperio un mayor control sobre el mar Rojo. A continuación, los otomanos intentaron tomar la ciudad de Astracán, al norte del mar Caspio, para extender el alcance del imperio más allá de las montañas del Cáucaso. Sin embargo, a pesar de sus esfuerzos, desde el principio de la campaña quedó claro que los otomanos se estaban extralimitando, ya que dependían en gran medida de sus vasallos de Crimea para que los ayudaran con las ofensivas en las regiones donde la influencia iraní y rusa era más destacada. Así pues, los otomanos acabaron abandonando sus esperanzas y dirigieron su atención hacia la isla de Chipre, que había servido durante mucho tiempo de refugio a los piratas del Mediterráneo.

En 1571, Chipre había caído en manos de Selim, pero en lugar de conducir a la consolidación del poder otomano en la región, la caída de Chipre incitó la creación de otra Liga Santa contra los otomanos. La caída de Chipre reavivó las guerras entre el Imperio otomano y los Habsburgo, así como entre los otomanos y los venecianos, estos últimos proporcionaron a los cristianos una flota lo suficientemente grande como para lanzar un ataque naval contra los turcos. En octubre de 1571, los cristianos atraparon a los barcos otomanos en Lepanto, en la costa griega, destruyendo la mayor parte de la flota de Selim y logrando una victoria decisiva. La batalla de Lepanto fue una de las mayores derrotas de la historia otomana y supuso la pérdida de moral de las fuerzas otomanas. Aun así, los recursos del imperio eran inmensos, incluso comparados con la fuerza combinada de la Liga Santa. Furioso por la derrota, Selim ordenó la reconstrucción completa de su armada y, en aproximadamente un año, tomó represalias brillantes contra los cristianos. En 1573, los ataques navales otomanos contra Venecia hicieron que esta pidiera la paz por separado a la Liga Santa, dejando al resto sin su aliado más poderoso.

Selim II falleció en 1574, y el trono pasó a su hijo, Murad III, que gobernó durante veintiún años. Murad III era muy parecido a su padre, pues tuvo decenas de concubinas diferentes y, según algunos relatos, más de cien hijos a lo largo de su etapa como sultán. Naturalmente, esto generó rivalidades en el harén del sultán —la parte de la casa reservada a las mujeres de la familia—, ya que diferentes esposas, concubinas y sus hijos luchaban por convertirse en los favoritos de Murad. Estas rivalidades, producidas esencialmente por los celos entre ellas, acabaron por crear facciones en la corte del sultán. Las facciones trataban de influir en Murad cuando se trataba de asuntos políticos importantes.

Durante la primera parte del reinado del sultán Murad, este se apoyó en gran medida en su gran visir, Sokollu Mehmet, que también había sido gran visir de Selim II. Gracias a los esfuerzos de Sokollu Mehmet, una inteligente figura política, el Imperio otomano pudo lograr varios triunfos en los primeros años de la época de Murad III como sultán. El gran visir se aseguró de ampliar los acuerdos de paz con los rivales europeos del imperio —los Habsburgo, Venecia y Polonia— y lanzó una campaña militar en el norte de África para invadir y ocupar exitosamente Marruecos en 1576. Esta conquista no solo dio a Murad el control de toda la costa norteafricana, sino que también proporcionó a los otomanos más poder naval en el Mediterráneo. Permitió a los otomanos debilitar a portugueses, españoles y franceses en el Mediterráneo occidental, lo que llevó al imperio a firmar un acuerdo comercial con Inglaterra en 1580 para permitir a los comerciantes ingleses comerciar en tierras otomanas con relativa libertad. Sokollu Mehmet veía a Inglaterra como rival de todas estas naciones europeas occidentales, por lo que creía que unas buenas relaciones con los ingleses permitirían a los otomanos volver a ser el actor comercial dominante en la región.

El gran visir encontraría su fin durante la ambiciosa campaña militar para invadir el Irán safávida, que comenzó en 1578. Aunque Sokollu Mehmet estaba personalmente en contra de una expedición tan al este, las facciones de la corte del sultán habían convencido a Murad para que aprovechara la debilidad del estado safávida y se apoderara de los territorios conquistados en su día por el sultán Solimán. El sultán se dejó influir especialmente por los *ulemas*, los eruditos musulmanes especializados en la ley islámica que consideraban a los safávidas chiíes como un enemigo tradicional del imperio. Así, las fuerzas otomanas lanzaron una campaña masiva en los territorios controlados por Irán, haciéndose con el control de Georgia y Armenia, que habían sido divididas por el Tratado de Amasya en 1555. Los otomanos también se hicieron con las provincias caucásicas de Daguestán, Shirvan y Karabaj.

Sin embargo, un año más tarde, en octubre de 1579, el gran visir fue asesinado por sus rivales en la corte, quizás celosos de sus éxitos en la guerra contra los safávidas. Aun así, el conflicto otomano-safávida duró otros diez años, hasta que Murad III obligó finalmente al sah Abbas, gobernante de Irán, a pedir la paz en 1590, gracias al apoyo de los uzbekos suníes, que atacaron a los safávidas desde el noreste. Los otomanos se apoderaron de los territorios safávidas más occidentales, y las riquezas incautadas en la campaña volvieron a llenar el tesoro real.

Problemas internos

Estos éxitos relativos en las campañas militares enmascaraban la serie de problemas internos a los que se enfrentaba el Imperio otomano. Ya hemos mencionado los problemas en la administración y el gobierno del imperio, pues habían surgido diferentes facciones en la corte, que intentaban usurpar el poder de los demás para ganarse el favor del sultán y tomar las decisiones políticas más importantes. Sin embargo, las raíces de estos problemas eran mucho más profundas que las rivalidades del harén y las preferencias del sultán. Por el contrario, el problema radicaba en parte en el corrupto sistema burocrático del imperio, que ahora, más que nunca, estaba compuesto por los *devshirme* en lugar de por la nobleza turca. La corrupción se extendió como un reguero de pólvora, y diferentes actores trataron de ejercer su influencia sobre los sultanes entre bastidores. No importaba quién controlara exactamente el gobierno, ya que el Imperio otomano era intrínsecamente un imperio autocrático, lo que significaba que el gobernante ostentaba un poder ilimitado. Un sultán débil significaba un reino débil.

A finales del siglo XVI, el imperio sufría dificultades económicas. Sí, a través de sus conquistas, los otomanos habían aumentado su presencia en el Mediterráneo y en el océano Índico occidental, pero con el inicio de la Era de las Exploraciones, las rutas comerciales internacionales pronto se desplazaron de los territorios controlados por los otomanos. Muchas facciones católicas no confiaban en los otomanos musulmanes a la hora de comerciar con Asia, y optaron por buscar nuevas rutas hacia los mercados asiáticos que eludieran las posesiones otomanas. El control total de Oriente Próximo por parte del Imperio otomano fue una de las razones que impulsaron a españoles, portugueses, ingleses, holandeses y franceses a invertir en la exploración del mundo, ya que esperaban evitar enfrentamientos con los otomanos a la hora de comerciar. Muy pronto, con los descubrimientos y la explotación de nuevos mercados en América y Asia, la economía otomana empezó a decaer.

Esta evolución precipitó problemas económicos internos que afectaron a la mayor parte de la población otomana, especialmente a las personas que dependían de los salarios. La inflación se disparó, ya que el mercado otomano era incapaz de seguir el ritmo de las economías europeas, en constante crecimiento, y las industrias tradicionales empezaron a perder eficacia. Si a esto se añaden los altos niveles de corrupción y explotación de la propiedad y la mano de obra por parte de los poderosos funcionarios otomanos, la agitación económica del imperio provocó múltiples problemas sociales, reduciendo a muchos a la pobreza. Esto, por desgracia, coincidió con altos niveles de crecimiento demográfico, lo que significaba que cada vez nacía más gente, pero se enfrentaba a condiciones de vida muy duras, especialmente en el campo. La producción agrícola se estancó, ya que los bajos salarios de los campesinos provocaron escasez de alimentos en todo el reino, lo que hizo que muchos huyeran a las ciudades para intentar sobrevivir, lo que, a su vez, provocó disturbios urbanos y un aumento de los índices de delincuencia.

Ignorar estos problemas solo aumentó su gravedad, ya que los campesinos pobres y hambrientos convertidos en delincuentes se organizaron en bandas. Aterrorizaron el campo otomano y contribuyeron a la inestabilidad del país. Conocidos como los *celalíes*, se volvieron muy peligrosos, ya que suponían una amenaza para las cadenas de suministro y socavaban las guarniciones debido a su superioridad numérica. Las rebeliones celalíes, que estallaron en todo el país en múltiples ocasiones desde finales del siglo XVI hasta mediados del XVII, debilitaron al gobierno central y provocaron la desorganización casi total del ejército otomano.

En la segunda mitad del reinado de Murad III, este no pudo pagar el mantenimiento de su cuerpo de élite y del núcleo de jenízaros, que había constituido el grueso del ejército otomano durante siglos. En su lugar, tuvo que depender en gran medida de *levas* inexpertas y más baratas, que podía reunir en tiempos de necesidad, y de las fuerzas de Crimea proporcionadas por sus vasallos. Debido a todos estos problemas, la victoria de Murad en Irán fue fundamental para mantener el control del imperio, que se encontraba en una situación muy difícil en general.

Mehmed III y Ahmed I

Así pues, el declive gradual y doloroso del Imperio otomano desde dentro hacia fuera persistió tras el reinado del sultán Solimán. Aunque la victoria de Murad III contra los safávidas supuso un suspiro de alivio temporal para los otomanos, no significó en absoluto que todos sus problemas desaparecieran. Lo que el imperio necesitaba era una reforma total, una serie de cambios que afectaran a casi todos los aspectos de la vida otomana y transformaran fundamentalmente la situación interna. De hecho, a mediados del siglo XVII aparecerían los primeros sultanes otomanos con el afán de abordar algunos de los problemas del imperio, pero antes de que eso ocurriera, Mehmed III y Ahmed I subirían al trono. Los reinados de ambos sultanes serían testigos de importantes acontecimientos que debilitarían aún más a los otomanos.

Mehmed III, hijo de Murad III, se convirtió en el nuevo sultán en 1595 tras el fallecimiento de su padre. Excéntrico, estricto y al borde de la locura, Mehmed III comenzó su reinado masacrando a la mitad de su familia, ya que no confiaba en ellos, aunque es posible que estuviera bajo la influencia de facciones bien establecidas en el harén. Al igual que su padre, el gran visir vería crecer enormemente sus poderes durante el reinado de Mehmed.

A principios de 1596, Mehmed se vio envuelto en una guerra contra dos de sus vasallos europeos, Moldavia y Valaquia, cada vez más influidos por los Habsburgo para liberarse del dominio otomano. Incapaces de derrotar a los vasallos en el primer intento, los otomanos solicitaron la ayuda de los tártaros de Crimea en su guerra, algo que, a su vez, provocó la intervención del reino de Polonia. Los polacos creían que los musulmanes suponían una amenaza para la seguridad de la región. A pesar de las rebeliones celalíes y de que los polacos defendían a los cristianos de las invasiones tártaras en el norte, los ejércitos de Mehmed III lograron varias victorias contra los Habsburgo a lo largo de 1596, la más importante en la batalla de Keresztes contra Maximiliano III del Sacro Imperio Romano Germánico en octubre.

Sin embargo, Mehmed fue incapaz de establecer un control firme sobre los territorios de Valaquia y Moldavia, ya que los disturbios en su país hacían imposible librar guerras exteriores. El ejército otomano estaba desorganizado y era débil, algo que se había puesto de manifiesto durante las guerras y que podría aprovecharse en el futuro. Se estableció un orden temporal, pero estaba claro que, tarde o temprano, el poder otomano menguaría en la región.

En 1603, Mehmed III fue sucedido por su hijo, Ahmed I, tras sufrir un repentino ataque de apoplejía. Ahmed, de trece años, se enfrentó a una inmensa presión procedente de todas partes. Los Habsburgo querían arrebatar a los otomanos el control de Transilvania, el sah Abbas de los safávidas había vuelto a consolidar su poder y empezaba a librar una guerra vengativa contra el sultán y, por último, pero no por ello menos importante, el caos y la inestabilidad internos habían alcanzado su punto álgido.

El sultán empezó primero por hacer frente a la amenaza de los Habsburgo, que, según creía su corte, era la más fácil de tratar entre las tres. En 1604, las fuerzas otomanas tuvieron cierto éxito contra los Habsburgo, capturando la ciudad de Pest. Luego, con la ayuda del príncipe transilvano Esteban Bocskai, los otomanos expulsaron a las fuerzas de los Habsburgo de las regiones en disputa, firmando el Tratado de Zsitvatorok en noviembre de 1606 para poner fin al conflicto entre ambas partes. Transilvania volvió a ser vasalla otomana y Ahmed restableció su control sobre los territorios al norte del Danubio.

Entonces llegó el momento de dirigir su atención hacia el este, donde el sah Abbas había tomado represalias tras su derrota ante los otomanos en 1590. Había reentrenado y reorganizado completamente su ejército kizilbash, basándolo en gran medida en los jenízaros otomanos. Con esta nueva estructura, derrotó a los suníes uzbekos en los primeros años de la década de 1600. El sah Abbas y su fuerza experimentada y profesional marcharon hacia el oeste, recuperando los territorios conquistados por Murad III y destruyendo las guarniciones otomanas en Azerbaiyán, el Cáucaso, Irán occidental y Anatolia oriental. En 1604, los safávidas habían sitiado y tomado Ereván y Kars, mientras que el sultanato había sido ocupado por los Habsburgo. Los safávidas establecieron una base de operaciones en Armenia y supusieron una amenaza real para el territorio otomano.

Estaba claro que los safávidas habían abandonado su planteamiento defensivo frente a los otomanos, que los habían dominado durante casi un siglo. Con el sah Abbas a las puertas del Imperio otomano, el sultán Ahmed I necesitaba actuar. Sorprendentemente, a pesar del malestar social presente en el país en aquella época, el sultán fue capaz de movilizar una de las mayores fuerzas otomanas de todos los tiempos, que contaba con no menos de ochenta mil hombres, y marchó sobre los safávidas en 1605. Sin embargo, en septiembre, cuando los dos ejércitos se enfrentaron cerca del lago Urmia, en el noroeste de Irak, quedó claro que los otomanos estaban en desventaja. Las fuerzas reorganizadas del sah Abbas aplastaron a los turcos en el campo de batalla, matando a más de veinte mil y capturando a muchos más.

Mientras los otomanos se retiraban, el sah Abbas aprovechó la oportunidad para apoderarse de aún más territorios, capturando las ciudades de Bagdad y Nayaf y estableciendo el dominio safávida sobre la mayor parte de Irak y el Kurdistán. Tras la derrota de los otomanos, muchos príncipes turcos que antes habían estado bajo el dominio del sultán desertaron al sah, convirtiéndose al islam chií y jurando lealtad al gobernante safávida, que había derrotado a los otomanos y se había convertido en su igual.

Devastado por la derrota, Ahmed I ordenó a su gran visir, Murad Pasha, que reuniera otro ejército y le encargó que tomara represalias contra los safávidas. Antes de enfrentarse a los iraníes, el gran visir reunió a los nuevos hombres y reprimió brutalmente las rebeliones celtas que se estaban produciendo en Anatolia y los Balcanes. A finales de 1608, la mayoría de los rebeldes habían sido capturados o masacrados por los ejércitos otomanos al mando de Murad Pasha, que finalmente marcharon contra los safávidas en el este.

En lugar de luchar con los otomanos, el sah Abbas se retiró de Anatolia oriental y Armenia, quemando pueblos, destruyendo suministros y obligando a las poblaciones locales a huir hacia el este para hacer inútiles los esfuerzos otomanos. Esto hizo imposible que los otomanos libraran una guerra a largo plazo contra los safávidas, ya que eran incapaces de extender sus líneas de suministro tan al este.

A pesar de los intentos de Murad Pasha, fue incapaz de alcanzar al sah Abbas. Murad Pasha murió en 1611, lo que obligó a Ahmed I a detener la ofensiva y aceptar un tratado de paz con los safávidas un año después. Según los términos de la paz, Ahmed reconoció todas las conquistas safávidas y declaró al sah Abbas soberano del Cáucaso y Azerbaiyán.

Primeras reformas

Ahmed I falleció en 1617, un año después de reanudar la guerra con Irán por Armenia. Para cuando Osmán II ascendió al trono en 1618, el poder otomano había menguado considerablemente, y sus rivales sin duda lo habían notado. Las constantes guerras en todos los frentes debilitaron a los otomanos más que nunca, y fueron necesarios cambios internos fundamentales para asegurar que el imperio evitara el colapso total. Durante el resto del siglo XVII, a medida que se sucedían los sultanes otomanos, las reformas internas dieron señales de vida. Sin embargo, a finales del siglo XVII, aunque se abordaron algunos asuntos problemáticos inmediatos, el Imperio otomano aún no había recuperado la posición que había ocupado cien años antes.

Murad IV, que se convirtió en sultán a la edad de once años en 1623, fue quizás el gobernante otomano más competente del siglo XVII. Durante su reinado se erradicaría gran parte de la corrupción del sistema administrativo. Desde los primeros días de su reinado, Murad tuvo que hacer frente al renovado conflicto con los safávidas, que habían vuelto a irrumpir en Irak y masacrado a la población sunní de Bagdad en 1624. A pesar de los esfuerzos de los otomanos por retomar la ciudad y derrotar a los iraníes, las dos campañas orientales de los años siguientes fracasaron, creando aún más problemas dentro del imperio y causando malestar en los rangos superiores de la sociedad otomana. Los miembros de los cuerpos de jenízaros y *sipahi* (caballería) del ejército estaban descontentos con las continuas derrotas que sufría el ejército. Y después de que su comandante, el gran visir Hüsrev Pasha, fuera destituido por Murad en 1631, intentaron instigar una rebelión total contra el sultán. Ayudados por muchos oficiales de alto rango, los militares entraron en Estambul y masacraron a muchos de los aliados más cercanos del sultán en la corte, incluido el nuevo gran visir, lo que dio lugar a protestas masivas en toda la ciudad. Murad tuvo que hacer frente a una situación bastante caótica.

Sorprendentemente, gracias a la fuerza de su carácter, el nuevo sultán consolidó rápidamente su poder, exigiendo a las tropas rebeldes que le juraran lealtad. Les ordenó ejecutar a los burócratas que consideraba traidores a la Corona. En otoño de 1633, ya se había acabado con los bandidos y criminales que habían asolado las calles de Estambul, pues habían sido arrojados a las mazmorras junto con muchos de los funcionarios corruptos.

Cuando gran parte de la capital ardió debido a un gran incendio, Murad afirmó que era un mal presagio de Dios, una señal de su ira. El sultán utilizó el fuego para restablecer cierto orden moral en el imperio. Prohibió el consumo de tabaco y café, y cerró muchas tiendas que habían servido de punto de reunión a los manifestantes. También organizó una compleja red de espionaje encargada de identificar a los enemigos de la Corona, lo que dio lugar a la detención y ejecución de miles de funcionarios, militares y miembros de los *ulemas*.

Antes de su muerte en 1640, Murad logró reconquistar gran parte de Irak y firmar un nuevo acuerdo de paz con los safávidas, dividiendo los territorios fronterizos entre los dos imperios siguiendo en gran medida las líneas del Tratado de Amasya de 1555. La muerte del sah Abbas debilitó al Estado iraní, lo que permitió a Murad lanzar una campaña de cuatro años que finalmente se saldó con una victoria otomana.

Una vez eliminada gran parte de la corrupción y neutralizados los safávidas en el este, al menos por el momento, parecía que el Imperio otomano empezaba a recuperar toda su fuerza. Sin embargo, durante las décadas siguientes, debido a la debilidad de los sultanes bajo la influencia de sus harenes y pashas (esencialmente un primer ministro o gran visir), quedó claro que los otomanos se habían quedado significativamente rezagados con respecto a sus homólogos europeos en materia de desarrollo y modernización.

Uno de los acontecimientos más interesantes del imperio durante estos tiempos difíciles fue la llamada era Köprülü, que comenzó en 1656 y duró casi tres décadas. Durante este periodo, el cargo de gran visir fue ocupado por miembros de la familia Köprülü, algo que se debió en gran medida a los esfuerzos de Köprülü Mehmed Pasha, que había sido nombrado gran visir durante el reinado de Mehmed IV en 1656. Antes de que Köprülü ocupara el cargo, Tarhoncu Ahmed Pasha había liderado las reformas económicas del reino, reorganizando por completo el tesoro, que había sido esquilmado por las constantes guerras. Se aseguró de encarcelar a todos los miembros corruptos de la élite imperial, confiscando sus tierras y riquezas y volviendo a llenar el tesoro real. Se redistribuyeron los grandes latifundios en manos de unos pocos hombres poderosos de la corte para garantizar el crecimiento económico. Se implantaron nuevos impuestos y se determinó el presupuesto del año fiscal por primera vez en la historia otomana. En resumen, Tarhoncu Ahmed Pasha contribuyó en gran medida a la reorganización de la economía otomana y a la centralización del poder antes de su destitución en 1653 tras los falsos rumores de que había intentado derrocar al sultán.

Tras tres años de inestabilidad política, Köprülü Mehmed Pasha se convirtió en el nuevo gran visir y pronto se erigió en el hombre más poderoso del reino, y los siguientes grandes visires procedían de su familia. Köprülü Mehmed Pasha sustituyó personalmente a los altos funcionarios del imperio por otros de su confianza. Tras hacerse con un sólido control del gobierno, el gran visir gozó de libertad para tomar las decisiones políticas del imperio e incluso expulsó a los venecianos de los Dardanelos en julio de 1657. A continuación, dirigió el reino contra los príncipes rebeldes de Transilvania, a los que finalmente se enfrentó en 1662, restableciendo la soberanía otomana en la región.

Bajo sus sucesores, el Imperio otomano logró expandirse más en Europa, capturando territorios polacos en Ucrania en 1676, derrotando a la coalición cristiana liderada por los Habsburgo en 1664 y capturando Creta de Venecia en 1669. A lo largo de todo esto, los grandes visires mantuvieron un férreo control sobre las oficinas del imperio, no permitiendo que la corrupción se extendiera más dentro del reino.

Capítulo Seis - Las primeras pérdidas del Imperio

Durante el siglo XVII, el Imperio otomano experimentó desafíos internos y externos, que poco a poco se hicieron cada vez más difíciles de afrontar. A medida que ascendían al trono sultanes más débiles, las intrigas en la corte y los actores entre bastidores tomaban el control de la toma de decisiones dentro del imperio, algo que produjo resultados dispares. En este capítulo se hablará de las importantes derrotas que sufrió el imperio a lo largo del siglo XVIII, un periodo en el que el resto de Europa abogaba por el absolutismo. Estas derrotas acabarían resultando costosas para los otomanos, provocando el declive del imperio y su tardío impulso hacia la modernización.

El desastre de Viena

En la década de 1680, los grandes visires de la familia Köprülü se habían convertido en los amos del Imperio otomano, destruyendo cualquier oposición en la corte y convirtiéndose esencialmente en los verdaderos déspotas del reino. La conquista de Ucrania occidental a finales de la década de 1670 bajo el mando de Kara Mustafá Pasha alarmó a los rusos, que veían a los otomanos musulmanes a sus puertas como una amenaza directa. Ambos bandos se enfrentaron y, en febrero de 1681, los otomanos aceptaron firmar un acuerdo de paz, renunciando a sus pretensiones en Ucrania y retirándose.

Sin embargo, esta decisión no significaba necesariamente que los rusos hubieran dominado a los turcos. Por el contrario, el gran visir reconoció la inestabilidad de la Hungría de los Habsburgo y creyó que las rebeliones contra la familia gobernante eran su oportunidad de marchar sobre Viena y tomar la rica ciudad. Motivados por sus aliados franceses en el oeste, que se mostraban igual de inflexibles ante el colapso de los Habsburgo, los otomanos invadieron los territorios austriacos en 1683 y sitiaron Viena en junio. Viena había sido durante mucho tiempo un bastión de la defensa cristiana contra los otomanos, desde las conquistas de Selim y Solimán en el siglo XVI, dos sultanes que habían estado peligrosamente cerca de capturar la ciudad. Con más de 100.000 hombres a su disposición, el gran visir esperaba que la ciudad cayera, creyendo que los ejércitos de los Habsburgo se habían debilitado por los constantes combates contra los rebeldes.

Batalla de Viena
https://commons.wikimedia.org/wiki/File:Vienna_Battle_1683.jpg

Sin embargo, los Habsburgo habían organizado una coalición antiotomana, reconociendo la amenaza que se impondría al mundo cristiano si Viena caía en manos de los otomanos. Con el apoyo del rey Juan III Sobieski de Polonia-Lituania, los Estados Pontificios y varios príncipes del Sacro Imperio Romano Germánico, el emperador Leopoldo I pudo llegar a la ciudad con una fuerza de socorro de más de ochenta mil soldados. En septiembre, después de tres meses de asedio, justo cuando los otomanos habían bombardeado las murallas de la ciudad lo suficiente como para abrirse paso y tomarla, los cristianos pudieron lanzar un ataque por sorpresa, desbaratando a las fuerzas otomanas y logrando la victoria. El gran visir había estado peligrosamente cerca de capturar Viena, mucho más cerca que sus antepasados en 1529. Humilladas, las fuerzas otomanas se retiraron, dejando atrás sus cañones, equipo y suministros. A su regreso a Estambul, el gran visir fue ejecutado por el sultán Mehmed IV.

El fracaso en la toma de Viena fue el principio del fin del poder otomano en Europa. El ejército otomano se había desintegrado por completo, lo que permitió a los Habsburgo dirigir una campaña en el interior de los territorios controlados por los otomanos. La coalición cristiana de los Habsburgo, a la que se unieron los Estados italianos, lanzó una ofensiva decisiva, liberando las ciudades bajo el yugo otomano y tomando Budapest en 1686.

Problemas militares

Mientras los otomanos perdían poco a poco el control de la mayor parte de Hungría, tenían más éxito defendiendo sus posiciones en el noreste contra los polacos en Moldavia, donde repelieron a Juan Sobieski en 1687. Los cristianos tomaron represalias, ya que Venecia, con el apoyo de los Habsburgo, consiguió arrebatar a los otomanos una parte de la costa dálmata y capturar la fortaleza de Morea. En septiembre de 1687, los venecianos habían invadido Grecia y tomado Atenas, algo que alarmó mucho al gobierno otomano de Estambul. La población musulmana de las regiones capturadas huyó a la tierra firme otomana, acudiendo en masa a las grandes ciudades del sur de Tracia y causando aún más malestar social, además de la agitación económica que provocó la disminución de la producción agrícola.

A medida que el siglo XVII llegaba a su fin, los problemas del Imperio otomano no hacían sino aumentar en número y gravedad. Tras la pérdida de Budapest y la derrota en Viena, la reputación de Mehmed IV quedó destruida sin remedio. Así, el gran visir, junto con los poderosos actores de la corte, instigó una rápida revolución, deponiendo al sultán y colocando al hijo del sultán Ibrahim, Solimán, como nuevo gobernante en 1687. Sin embargo, esta medida no hizo sino dejar más claro a los enemigos del imperio que los otomanos estaban debilitados por dentro, lo que condujo a una serie de campañas cristianas en los Balcanes. Aunque el nuevo sultán trató de firmar la paz con los Habsburgo, en otoño de 1689 el emperador Leopoldo se había adentrado en los territorios controlados por los otomanos y había capturado las ciudades de Niš, Vidin y Skopje. Aunque los otomanos, bajo el mando del gran visir Fazil Mustafá Pasha, tomaron represalias un año después, reconquistando Niš y Belgrado a los Habsburgo, tras la muerte de Solimán II y la reanudación de las hostilidades bajo el sultán Ahmed II, los Habsburgo derrotaron decisivamente al resto de los ejércitos otomanos en Slankamen en agosto de 1691.

La victoriosa coalición cristiana, formada por los Habsburgo, Venecia, Polonia y Rusia, continuó ejerciendo una fuerte presión sobre las posesiones otomanas en Europa oriental, lanzando ofensivas por todos los flancos. Ahmed II falleció en 1695, dejando el reino a su hijo, Mustafá II, que se empeñó en expulsar a los Habsburgo de los territorios perdidos. Sin embargo, sus ataques contra los austriacos acabaron desastrosamente, ya que los otomanos sufrieron una aplastante derrota en la batalla de Zenta, en septiembre de 1697, contra las fuerzas de los Habsburgo al mando de Eugenio de Saboya. Pedro el Grande de Rusia también había tomado tierras otomanas en la costa norte del mar Negro en 1696, y derrota tras derrota obligó a Ahmed II a pedir una paz humillante contra los cristianos.

El Tratado de Karlowitz (Carlowitz), firmado en enero de 1699 entre los otomanos por una parte y Venecia, Rusia, Polonia y la monarquía de los Habsburgo por otra, marcó el fin del dominio otomano en el sureste de Europa. Los otomanos perdieron Dalmacia y la Morea en favor de Venecia, Ucrania occidental y Podolia en favor de Polonia, Azov en favor de Rusia y la mayor parte de Hungría y Transilvania en favor de los Habsburgo. El sultán también aceptó garantizar las libertades de los súbditos cristianos de su reino. El tratado fue una clara señal de que la balanza de poder se había inclinado en contra del Imperio otomano, que había sido la fuerza dominante en la región durante mucho tiempo.

A pesar de la «paz» con los rivales cristianos del imperio, los otomanos entraron en guerra con cada uno de ellos varias veces a lo largo del siglo XVIII. Aunque es imposible abarcar todos los acontecimientos de estos conflictos con gran detalle, es posible encontrar una característica unificadora subyacente. Quizá una palabra describa mejor los esfuerzos militares otomanos en el siglo XVIII: decepción. En la guerra austro-turca de 1716-1718 y en la austro-ruso-turca de 1735-1739, el otrora poderoso ejército otomano fue incapaz de oponer suficiente resistencia para vencer a los cristianos. En la primera mitad del siglo, el control de los territorios periféricos del imperio fue desigual. Tras sufrir una derrota frente a Austria, el Tratado de Passarowitz de 1718 despojó al Imperio otomano de gran parte de sus posesiones balcánicas, incluidas Serbia y Rumania occidental. El Tratado de Belgrado, firmado en 1739, supuso el restablecimiento del control otomano sobre algunas de estas tierras (esta vez, los otomanos habían logrado derrotar a los Habsburgo). El tratado también cedió a Rusia el control de una parte de la costa septentrional del mar Negro. En conjunto, fue una primera mitad de siglo caótica en lo que a guerras exteriores se refiere. Las regiones disputadas se desestabilizaron enormemente debido a todos los combates, lo que provocó migraciones masivas y fuertes caídas de la producción.

Además de las guerras en Europa, en la década de 1730 los otomanos se enfrentaron a los safávidas, que habían recuperado su poderío. El imperio chií invadió los territorios de Oriente Próximo y el Cáucaso bajo control del Imperio otomano, lo que llevó al sultán Mahmud I a enviar grandes fuerzas para hacer frente a los iraníes. Este movimiento dividió al ejército otomano por la mitad, con la otra parte luchando en Europa. Aunque los otomanos obtuvieron cierto éxito tras estallar los combates en Irak, bajo el mando de Nader, mano derecha y ministro principal del sah safávida, los chiíes tomaron represalias y consiguieron capturar Bagdad antes de asediar y apoderarse de Ereván, Tiflis y Ganja. En 1736, los otomanos pidieron la paz, que solo duró unos nueve años, ya que, en 1745, los safávidas reanudaron su ofensiva durante otro año, lo que finalmente dio lugar a otro acuerdo de paz en 1746, que puso fin a las luchas entre los dos imperios musulmanes.

Sorprendentemente, desde la década de 1740 hasta finales de la de 1760, el Imperio otomano se encontró por fin en paz, a pesar de que sus vecinos estaban inmersos en la guerra de los Siete Años y la guerra de sucesión austriaca, dos conflictos definitorios del siglo XVIII. Sin embargo, los sultanes otomanos de la época no supieron aprovechar esta oportunidad para abordar los problemas fundamentales del imperio. El ejército, que durante siglos había disfrutado de superioridad numérica y tecnológica frente a sus homólogos, necesitaba una reorganización. Las fuerzas europeas, más disciplinadas, superaban a menudo a los anticuados militares otomanos durante sus encuentros en el campo de batalla. Además, el gobierno central había perdido su firme control sobre sus súbditos y necesitaba ser reforzado. Sin embargo, la inacción precipitó uno de los periodos más difíciles a los que tendrían que enfrentarse los otomanos. Desde la segunda mitad del siglo XVIII hasta la Primera Guerra Mundial, mientras las naciones europeas alcanzaban la cúspide de su poder en la era del imperialismo y el nacionalismo, el

Imperio otomano no pudo adaptarse al siempre cambiante orden mundial, lo que condujo a las últimas etapas de su declive.

El problema de la modernización

De 1768 a 1774, el Imperio otomano volvió a entrar en guerra con Rusia. Durante los últimos cien años, los rusos se habían convertido en uno de los imperios más poderosos de Europa y, bajo Catalina la Grande, habían alcanzado la cima de su poder. Viéndose a sí misma como defensora de la fe cristiana ortodoxa y hermana mayor de todas las naciones eslavas de los Balcanes, Rusia había mostrado un interés creciente por la política de la región y había participado en guerras por esas tierras durante el último siglo. En 1768, tras los asaltos a los territorios controlados por los otomanos en Moldavia, estos declararon la guerra a Rusia. En seis años, los otomanos sufrieron una derrota bastante decisiva a manos de Catalina la Grande.

Cuando se firmó el acuerdo de paz entre ambas partes en julio de 1774, el kanato de Crimea, que históricamente había sido vasallo y aliado del Imperio otomano, fue liberado. Técnicamente, ni Rusia ni los otomanos tenían derecho a influir en Crimea según el tratado, pero los tártaros de Crimea acabaron anexionándose a Rusia a finales del siglo XVIII. Además, los rusos recibieron importantes ciudades portuarias del mar Negro, concretamente Azov y Kerch, así como partes de la Moldavia otomana y reparaciones de guerra. De manera crucial, los otomanos se vieron obligados a declarar a Rusia protectora de todos los súbditos otomanos ortodoxos, un estatus especial que Rusia asumió con orgullo y ejerció durante muchos años.

A finales de siglo, los otomanos entraron en guerra con Rusia y los Habsburgo en varias ocasiones, aunque los conflictos siempre acabaron en decepción para los musulmanes. Los turcos perdieron el control del Cáucaso y la costa septentrional del mar Negro a manos de los rusos y cedieron partes de Valaquia, Bosnia y Serbia a la monarquía de los Habsburgo.

El sultán Abdul Hamid I, que sucedió en el trono tras la muerte de su hermano, Mustafá III, en 1774, se sintió humillado por las recientes derrotas del Imperio otomano a manos de Rusia y creyó que eran necesarias reformas para asegurarse de que el imperio conservara su estatus y su gloria. Sin embargo, el nuevo sultán solo introdujo nuevo equipamiento militar para el ejército y la armada. No era consciente de los problemas estructurales de sus instituciones. Además, encontró una gran resistencia entre los *sipahíes* y los jenízaros cuando intentó invitar a comandantes europeos a convertirse en asesores militares sin exigirles que se convirtieran al islam. Mientras que los *sipahíes* y los jenízaros veían este cambio como algo impío e innecesario, la verdad del asunto era que las tácticas y estrategias europeas eran mucho más avanzadas que todo lo que los anticuados oficiales del ejército otomano utilizaban en aquella época. Y esta falta de modernización afectó enormemente al desarrollo del Estado.

Jenízaros otomanos
https://commons.wikimedia.org/wiki/File:Battle_of_Vienna.SultanMurads_with_janissaries.jpg

A medida que el imperio perdía sus guerras exteriores, también declinaba internamente. Debido a la debilidad del gobierno central, los terratenientes y los gobernadores de las diferentes provincias empezaron a operar en gran medida por su cuenta, desplegando sus propios ejércitos, recaudando sus propios impuestos y manteniendo sus propias relaciones con sus homólogos, algo que debilitó enormemente la integridad del imperio. Era como si el sistema otomano se volviera cada vez más feudal, especialmente en los Balcanes, donde residía la mayor parte de la población cristiana del imperio. En los Balcanes, los gobernantes locales mejoraron su posición y prestigio ahora que Rusia se había convertido en su «protector». La práctica menos supervisada de la religión y una mayor autonomía acabaron provocando el surgimiento de movimientos nacionalistas en muchas partes del imperio, ya que serbios, bosnios, griegos y otras minorías étnicas exigían cada vez más derechos. Tras la Revolución francesa, los conceptos de nacionalismo y liberalismo cobraron cada vez más importancia en toda Europa. La cohesión de estos movimientos dentro de las fronteras del Imperio otomano aumentó enormemente, lo que supuso una nueva amenaza para la posición del sultán y el gobierno central de Estambul.

Muchos historiadores creen que la disparidad entre las sociedades otomana y europea en cuanto a aspectos sociales y tecnológicos durante la era de la industrialización se debía sobre todo a la creencia de los otomanos de ser superiores por naturaleza a sus homólogos cristianos. Además, a partir de la época de la Reforma protestante, las fronteras entre los rangos superiores e inferiores fueron desapareciendo poco a poco, lo que permitió que los miembros de las distintas clases se familiarizaran más con las costumbres de los demás. Sin embargo, la clase alta otomana seguía en gran medida confinada en su propia burbuja, ciega a la situación general del reino. Este aislamiento de los otomanos de la estructura europea moderna de la política, la economía, la sociedad y el ejército, que había demostrado ser mucho más eficaz, supuso una grave desventaja para el Imperio otomano.

Aunque se podía argumentar que los otomanos estaban al menos en igualdad de condiciones culturales con los europeos, la situación general del imperio distaba mucho de lo que había sido durante su edad de oro bajo Solimán el Magnífico. Los grandes artistas, poetas, científicos, artesanos y arquitectos, que habían gozado de la protección de los sultanes y eran admirados por todo el pueblo, ya no gozaban de tan glorioso estatus. Algunos grandes visires y sultanes otomanos habían intentado imponer la europeización a sus súbditos, pero fracasaron en su empeño. Por ejemplo, durante la llamada era de los tulipanes, que duró de 1718 a 1730, varios miembros de la clase alta otomana intentaron adoptar algunas normas y costumbres europeas. Empezaron a vestir y a parecerse a sus homólogos europeos, y los tulipanes que plantaban en sus jardines y llevaban como parte de sus atuendos eran símbolos de nobleza y estatus. Sin embargo, a diferencia de Rusia, por ejemplo, otro imperio donde los esfuerzos de europeización fueron llevados al extremo por gobernantes como Pedro el Grande y Catalina la Grande, los funcionarios otomanos simplemente no estaban tan interesados en familiarizarse con lo que representaba Europa. Además, debido a la estricta división de los estratos sociales, los cambios que adoptaban temporalmente las clases altas rara vez llegaban al resto de la sociedad.

Selim III

El hombre que intentaría rescatar al imperio de sus raíces venenosas y anticuadas fue el sultán Selim III, que subió al trono en 1789 y gobernó hasta 1807. Iniciando su reinado en medio de las guerras contra Austria y Rusia, que se habían reanudado tras breves periodos de paz, los primeros años del reinado de Selim III resultaron tan difíciles para el imperio como las décadas anteriores. Abrumados por los enemigos cristianos, en 1792 los otomanos pidieron la paz a sus dos rivales, cediendo el control total del Cáucaso y Crimea a los rusos y reconociendo los territorios balcánicos (que el imperio había conservado, a pesar de haber sido ocupados por las fuerzas austriacas durante la guerra) como protectorados de la monarquía de los Habsburgo.

Selim III comenzó su reinado de forma bastante desastrosa, pero las políticas que adoptaría más tarde como sultán le valieron su lugar en la historia. Selim reconoció correctamente los defectos del Estado otomano y se propuso introducir reformas que resolvieran esos problemas. Su programa, que recibió el nombre de Nizam-i-Cedid («Nuevo orden»), se centraba en la creación de un nuevo ejército que ayudaría al sultán a restablecer el control del gobierno central sobre los *ayans* (los gobernadores provinciales y los nobles). El sultán se enfrentaba al reto de la falta de equipamiento moderno y de líderes adecuados, ambos absolutamente necesarios para formar un ejército competente.

Por ello, Selim supervisó personalmente la creación de la Escuela Imperial de Ingeniería Militar, terminada en 1795. Empleó en la escuela a militares franceses experimentados. Los europeos recién llegados compartieron sus conocimientos sobre la guerra moderna. Además, las clases altas otomanas, que tenían que pasar cada vez más tiempo con los europeos, aprendieron más sobre sus costumbres, estructuras sociales y políticas, y valores. Esto condujo finalmente al establecimiento de una presencia diplomática otomana permanente en las capitales europeas, lo que conectó aún más a ambas partes y contribuyó a la asimilación del modo de vida europeo.

Nizam-i-Cedid fue un proyecto bastante costoso. Aunque contribuyó a la modernización otomana, requirió muchos fondos que el imperio simplemente no poseía, ya que la economía había decaído tras las constantes guerras y el ascenso de las potencias coloniales. Selim tuvo que elevar los tipos impositivos, gravando fuertemente a los *ayanes*. Además, rebajó la moneda e impuso nuevos gravámenes sobre diversos productos de uso cotidiano, como el tabaco.

Todos estos cambios impusieron penurias a la población y, unidos al hecho de que se estaba creando un ejército completamente nuevo, provocaron una reacción hostil por parte de los partidos más tradicionales de la sociedad otomana, concretamente los *sipahíes*, los jenízaros y los miembros de las clases religiosas. Estos partidos creían que los cambios del sultán se apartaban de la sociedad otomana islámica tradicional. Por ello, impugnaron casi todas las decisiones de Selim. Finalmente, creyendo que las nuevas reformas suponían una amenaza para su posición en el imperio, instigaron una insurgencia contra la Corona y se convirtieron en la principal causa de la desaparición del sultán.

La resistencia desde el interior del imperio no era la única fuerza que actuaba contra el sultán. Con el auge del nacionalismo y el nacimiento de nuevos Estados-nación en Europa tras la Revolución francesa, los imperios multiétnicos, como el otomano, se enfrentaron al riesgo de disolución. Tras las conquistas de Napoleón, que entre 1798 y 1801 invadió el Egipto controlado por los mamelucos, que hasta entonces había estado bajo la soberanía otomana, los sentimientos nacionalistas se exacerbaron en todo el imperio y supusieron una amenaza para el gobierno central. Napoleón afirmó que había liberado a las naciones conquistadas en toda Europa y contribuyó en gran medida a aumentar la hostilidad de las naciones balcánicas contra Estambul. Los súbditos cristianos de los Balcanes habían sido durante mucho tiempo objeto de explotación por parte de Rusia y Austria. La revolución serbia, que comenzó en 1804, resultó muy difícil para Selim, sobre todo porque fue seguida de una guerra con Rusia en 1806.

Al final de su reinado, en 1807, las reformas de Selim habían afectado enormemente a la mayor parte de la sociedad otomana, algunas en mejor medida que otras. Su «Ejército del Nuevo Orden», compuesto por hombres altamente disciplinados, entrenados y bien equipados, contaba con no menos de veinte mil hombres, y las clases más altas del imperio se habían acercado a una mayor modernidad y europeización. Sin embargo, las decisiones financieras que había tomado el sultán debilitaron la economía, y los disgustados jenízaros y *sipahíes* lideraron una insurrección contra el sultán en 1807, temerosos de que Selim acabara sustituyéndolos por sus nuevos soldados. A finales de mayo, asaltaron el palacio de Estambul y obligaron al sultán a abdicar. A pesar del truculento final de Selim, se lo sigue considerando uno de los primeros sultanes que intentó abordar los problemas del imperio con reformas.

Capítulo Siete - El enfermo de Europa

A finales del siglo XIX, el Imperio otomano había perdido casi toda su gloria. En comparación con el resto de Europa, el imperio se había quedado rezagado en casi todos los aspectos, y los partidos dominantes de la élite otomana se negaban a adoptar muchos de los cambios sociales y políticos que otras naciones europeas habían adoptado, temerosos de que ello les hiciera perder estatus y poder. Esta reticencia llevaría al imperio a un periodo turbulento. Los otomanos intentaron luchar por volver a la cima, aunque con un éxito limitado.

El capítulo final de este libro hablará de los últimos 120 años de existencia del Imperio otomano, abarcando los acontecimientos cruciales que condujeron a su disolución tras la Primera Guerra Mundial.

El precio del nacionalismo

Cuando Selim III fue derrocado por las fuerzas contrarias a la reforma en 1807, no cabía duda de que el futuro del imperio era bastante precario. El siglo XIX sería la era de la modernización en Europa, donde los avances en tecnología, economía e industria provocaron cambios impactantes en el pensamiento humano y la cultura política, dando origen a ideas como el liberalismo, el nacionalismo y las primeras versiones de la democracia. La modernización redujo la influencia de los grandes imperios y monarquías en todo el continente, y algunos gobernantes fueron capaces de resistir los cambios mejor que otros. En conjunto, el poder conservador estaba en declive, algo alarmante para los estratos sociales que habían estado en el poder durante siglos.

El caos político en Estambul tras la deposición de Selim III se prolongó durante casi un año, en el que todos los partidos rivales intentaron hacerse con el control del vacío de poder. Finalmente, Mahmud II se convertiría en el nuevo sultán del imperio, gracias a los esfuerzos de sus aliados más poderosos y astutos en la corte, especialmente Bayrakdar Mustafá Pasha, su gran visir. Sin embargo, el gran visir solo duraría unos meses, ya que sus radicales reformas anticonservadoras provocaron otra insurrección en noviembre de 1808. Esto redujo aún más el poder de las fuerzas tradicionalmente poderosas dentro del imperio y, en cierto modo, continuó lo que Selim III había empezado, sobre todo después de que los jenízaros mataran a Bayrakdar Mustafá Pasha en su insurrección, en la que volvieron a asaltar Estambul.

Mahmud II conservó el poder y consiguió negociar con los rebeldes. De manera crucial, reconoció correctamente que las reformas encaminadas a reducir el poder de los jenízaros serían inútiles, ya que habían socavado constantemente cualquier cambio en la estructura tradicional del ejército. De hecho, Mahmud sabía que el ejército otomano necesitaba una modernización y comprendió que los jenízaros se interponían en su camino para disponer de un ejército digno de sus homólogos europeos. Así pues, si reformar a los jenízaros era imposible, la única forma posible de mejorar el ejército sería destruir por completo su cuerpo.

Para hacer frente a los jenízaros, Mahmud tuvo que enfrentarse a problemas más inmediatos, sobre todo a los levantamientos nacionalistas balcánicos que habían comenzado debido a la inestabilidad de Estambul.

Las revueltas en los Balcanes ya estaban muy avanzadas cuando Mahmud se convirtió en sultán. El movimiento nacionalista de Serbia, bajo el mando de Jorge el Negro, había iniciado una revuelta en 1804, pero en lugar de reforzar la presencia del gobierno central en Belgrado, Selim III había disuelto a los jenízaros de guarnición. Esto no hizo sino echar leña al fuego nacionalista serbio y, durante un tiempo, pareció que los serbios tenían una oportunidad de independizarse, sobre todo después de que Rusia interviniera en favor de sus hermanos ortodoxos.

Los rusos invadieron Valaquia para debilitar el control otomano en la región.

En 1813, Mahmud II consiguió por fin consolidar sus ejércitos y reprimió brutalmente la rebelión, pero no logró resolver las principales preocupaciones de la alterada población serbia. Dos años más tarde, durante una nueva revuelta bajo el liderazgo de Miloš Obrenović, los serbios negociarían con el gobierno central de Estambul, obteniendo un estatuto especial de autonomía, pero permaneciendo aún bajo el control del imperio.

El espíritu de lucha de los serbios, así como los movimientos nacionalistas contemporáneos en el resto de Europa, llevaron a otra nación balcánica a rebelarse contra el gobierno central de Estambul. Desde 1814, habían surgido múltiples sociedades secretas por las grandes ciudades del Imperio otomano en Anatolia y los Balcanes con el objetivo de crear un movimiento independentista griego unido. Sobre todo, la *Filiki Eteria* («Sociedad de Amigos»), que contaba con el apoyo y la financiación de muchas de las poderosas familias griegas del imperio, cobró protagonismo y planeó múltiples rebeliones por los Balcanes que socavarían el control otomano sobre los territorios y conducirían a la independencia de Grecia.

En 1821, ya había planes para rebelarse en Valaquia y Moldavia, la Morea e incluso Estambul. Las rebeliones, instigadas por la Filiki Eteria, se iniciaron a principios de 1821, pero fueron reprimidas en su mayoría. En 1825, Mahmud II pidió refuerzos al Egipto controlado por los otomanos, que llegaron bajo el mando de Ibrahim Pasha y ayudaron al sultán a restablecer el control sobre las provincias griegas. Con las fuerzas combinadas, el sultán pudo explotar la debilidad de los rebeldes, que se habían derrumbado tras su fracaso. El sultán se apoderó de Atenas en 1826, devolviendo la marea a manos del gobierno central.

Sin embargo, lo que determinaría el curso de la guerra sería la intervención de las potencias europeas del lado de Grecia. En 1827, conscientes de que la inestabilidad de los Balcanes debilitaría aún más al Imperio otomano, Rusia, Francia y Gran Bretaña enviaron fuerzas para ayudar a los griegos a plantar cara a los otomanos. Sus flotas, que llegaron a las costas de la Morea en el verano de 1827, acabaron enfrentándose a la fuerza naval otomano-egipcia cerca de Navarino, donde ambos bandos se enzarzaron en una batalla naval masiva el 20 de octubre. Las superiores fuerzas europeas lograron derrotar decisivamente a la flota otomana, hundiendo más de cincuenta barcos musulmanes y provocando la rendición de las guarniciones otomanas de toda Grecia. Los otomanos habían agotado sus recursos y fueron finalmente derrotados.

Según el Tratado de Adrianópolis de 1829 entre otomanos y rusos, Grecia fue reconocida como región plenamente autónoma, lo que llevó a su reconocimiento como nación soberana independiente por Gran Bretaña, Rusia y Francia en 1830 con el Protocolo de Londres. Dos años más tarde, en 1832, con el Tratado de Constantinopla, el gobierno otomano declaró a Grecia estado-nación independiente.

Las rebeliones serbia y griega fueron una clara señal del menguante poder otomano. El nacionalismo era cada día más fuerte, pero los otomanos no encontraban una respuesta suficiente. El concepto de Estado-nación independiente era letal para grandes imperios heterogéneos como el otomano y conducía a la desintegración territorial, como pusieron de manifiesto los acontecimientos de la década de 1820.

Reformas de Mahmud II

Mahmud II hizo la guerra contra los serbios, los griegos y las potencias europeas que acudieron en su ayuda. También hizo la guerra contra el cuerpo de jenízaros. Cuando Grecia se sublevó abiertamente, ya había conseguido minar gravemente su influencia. Rodeándose de leales servidores y oficiales militares, respondía ferozmente cada vez que los jenízaros intentaban resistirse a los cambios que el sultán planeaba implantar. En 1826, por ejemplo, miles de jenízaros intentaron sublevarse contra el gobierno central. El sultán se ocupó brutalmente de ellos ejecutando y encarcelando a la mayoría durante los sucesos conocidos como el «Incidente Afortunado». Este tipo de enfrentamientos entre el sultán y las fuerzas opositoras llevaron a Mahmud II a solicitar ayuda a los egipcios en la guerra contra los griegos. Sus ejércitos estaban divididos, y los leales estaban ocupados luchando contra los jenízaros.

En 1831, Mahmud II abolió el ancestral sistema timar, una medida que provocó la disolución definitiva del cuerpo de jenízaros. Los timares, las tierras que se repartían a los militares de élite tras conquistar territorios, habían sido durante mucho tiempo la principal fuente de poder de los jenízaros, que habían conseguido aumentar sus ingresos exponencialmente tras siglos de guerras. Así, en 1831, cuando las fuerzas leales al sultán se apoderaron de los timares, esencialmente destruyeron el cuerpo de jenízaros desde dentro. El nuevo ejército, que se había reforzado aún más tras los esfuerzos de Selim, se convirtió en una fuerza fiable. En lugar de depender de las conquistas para dar a los militares trozos de tierra, el sultán pagaba los salarios militares directamente del tesoro real. Estos cambios provocaron una reacción en cadena y condujeron a la modernización y a la necesidad de reformas en otros ámbitos de la vida. Aunque el Imperio otomano estaba aún lejos de alcanzar los niveles de progreso europeos, el gobierno había hecho al menos algunos esfuerzos por ponerse al nivel del resto de las grandes potencias.

La disolución del cuerpo de jenízaros y la creación de un ejército más profesional y fiable pronto permitieron a Mahmud II hacerse con más poder en Estambul. En la era del nacionalismo, cuando los gritos de libertad y liberalización resonaban en todo el mundo, una forma que tenían los imperios y las monarquías de hacer frente a la crisis inminente era crear nuevos canales de control burocrático. Mahmud II también reorganizó la estructura gubernamental del imperio. Creó nuevas instituciones administrativas, que lo ayudaron a distribuir el poder y dividir las responsabilidades que antes asumía el gran visir. Mahmud continuó abriendo embajadas y enviando representantes a diferentes naciones europeas, algo que propició nuevos avances en la sociedad, ya que los dignatarios introdujeron los sistemas sociales, políticos y económicos europeos a los otomanos de vuelta a casa.

Gracias a los nuevos sistemas y a un ejército mucho mejor, Mahmud II pudo restaurar en cierta medida el poder del gobierno central en Estambul. Los gobernadores y señores locales que habían supuesto una amenaza para el control otomano fueron eliminados en Rumelia y Anatolia. El único lugar donde los esfuerzos del sultán fueron inútiles fue Egipto, cuyo gobernante, Muhammad Ali, se rebeló abiertamente en 1831 e invadió Siria, derrotando a las fuerzas otomanas en la batalla de Konya. Durante otros nueve años, los otomanos lucharon por reafirmar su dominio sobre los egipcios, pero con el Tratado de Londres de 1840, Muhammad Ali fue reconocido como gobernante de Egipto, aunque algunos territorios perdidos fueron devueltos a Estambul.

La Tanzimat

El reinado de Mahmud II marca un cambio radical en el planteamiento otomano general de la vida política y socioeconómica del imperio. A diferencia de otras figuras que habían intentado introducir reformas antes que él, el sultán Mahmud II estaba consagrado a europeizar su reino y creía que la única forma posible de lograr su objetivo era alejarse de las instituciones otomanas tradicionales. Al final de su reinado, en 1839, el sultán había impuesto su mentalidad a sus súbditos, algo que se demostraría claramente durante unos treinta años más, ya que los sucesores de Mahmud continuaron aplicando cambios que contribuirían al desarrollo del imperio.

En la historia otomana, los reinados de los sultanes Abdülmecid I (r. 1839-1861) y Abdülaziz (r. 1861-1876) se conocen como la época de la Tanzimat («Reorganización»). Como ya se ha mencionado, la Tanzimat supuso la introducción de importantes cambios en la vida administrativa y social del Imperio otomano, que influyeron enormemente en la evolución del reino. La Tanzimat comenzó en noviembre de 1839, cuando el sultán Abdülmecid I reunió a los miembros más importantes de su corte, así como a funcionarios locales y extranjeros, en la rosaleda del palacio Topkapi de Estambul. Allí promulgó un nuevo decreto real con el nombre de *Hatt-ı Şerif de Gülhane* —el Noble Edicto de la Rosaleda.

El decreto incluía muchos puntos vitales y cambiaría para siempre la vida en el Imperio otomano. Principalmente, responsabilizaba al gobierno central de llevar a cabo el decreto y comprometía al imperio a una serie de reformas importantes, como la implantación de nuevos sistemas legales, la lucha contra la corrupción en la administración y una revisión completa del sistema tributario. Demostraba el deseo del sultán de hacer de la ley la entidad más respetada dentro del imperio y prometía un trato justo a todos los súbditos, independientemente de su estatus, religión o etnia. Mediante el decreto, el gobierno central se obligaba a abordar los problemas que señalaba el documento y, durante más de tres décadas, intentaría sistemáticamente aplicar nuevos cambios en todos los aspectos de la vida.

El decreto se apartaba del sistema otomano tradicional, en el que el imperio solo tenía la vaga responsabilidad de defender a sus súbditos. El decreto ampliaba significativamente las responsabilidades del gobierno hacia todos los que vivían dentro de sus fronteras, algo que se tomó prestado de la Europa del siglo XIX. Defender al pueblo de las amenazas extranjeras no era suficiente. Los otomanos al mando se dieron cuenta de que tenían que servir a su pueblo para que el pueblo les sirviera a su vez.

El gobierno se dividió en diferentes instituciones burocráticas, con distintos equipos de funcionarios trabajando en la aplicación de diferentes cambios. Un sistema administrativo altamente centralizado necesitaba buenos sistemas de comunicaciones e infraestructuras. Así, uno de los avances más importantes que trajo consigo la Tanzimat fue la construcción de carreteras de conexión entre los distintos núcleos de población del imperio, principalmente en Anatolia y los Balcanes. Además de las carreteras, se construyeron líneas de ferrocarril y telégrafo, con centro en Estambul, que facilitaron al gobierno central la transferencia de recursos e información por todo el imperio. El aumento de la conectividad también supuso un impulso para la economía otomana, que se benefició enormemente de los nuevos proyectos de infraestructuras.

Una parte importante de la Tanzimat fue la mejora significativa del sistema educativo otomano, que, al igual que otros aspectos de la vida otomana, iba a la zaga del resto de Europa. Algunos de los sultanes anteriores habían promovido reformas educativas, construyendo nuevas universidades y colegios especializados en distintas áreas. A lo largo del periodo reformista se fundaron nuevas instituciones, como la escuela de funcionarios en 1859, cuyos graduados recibían formación en gobierno y administración.

Sin embargo, el principal obstáculo era que los *millets* musulmanes (pequeñas divisiones administrativas) seguían impartiendo una educación estrictamente islámica a la mayoría de la población joven. Con la introducción de las escuelas *rushdiye* (las primeras instituciones educativas públicas del Imperio otomano), el gobierno proporcionó a los adolescentes graduados de los *millets* una educación secular, partiendo de los valores islámicos tradicionales que se les habían enseñado en su juventud y educándolos de forma que estuvieran preparados para el mundo moderno. A pesar de que los *millets* no enseñaban a los jóvenes humanidades ni ciencias modernas, ir abiertamente en contra de los *millets* disgustaría a los *ulemas* musulmanes, que seguían siendo un actor influyente en el imperio, y produciría un conflicto entre el gobierno y los funcionarios religiosos.

En 1846 se introdujo un sistema completamente nuevo de escuelas primarias y secundarias, que combinaba los elementos tradicionales y modernos de la educación, contribuyendo a la creación de un sistema educativo cohesionado. Tras completar estas etapas, se animaba a los jóvenes a asistir a una de las universidades del imperio en función de sus intereses y aptitudes. En conjunto, la Tanzimat creó una base de oportunidades educativas seculares muy necesarias en el Imperio otomano, proporcionando educación a cientos de miles de jóvenes otomanos.

La Tanzimat también modificó en gran medida los sistemas financiero y jurídico del Imperio otomano. Los burócratas designados eran ahora responsables de la recaudación de impuestos, y el proceso se simplificó. Las reformas legales también se dirigieron a la modernización (pero no al abandono total) de la sharía islámica, que había servido como uno de los fundamentos del imperio. Durante las tres décadas de la Tanzimat se redactaron y publicaron muchos códigos nuevos, que sirvieron de base para el inicio de la primera constitución escrita del Imperio otomano a mediados de la década de 1870. Inspirados en gran medida en los sistemas jurídicos francés y británico, estos cambios se basaron en gran medida en la mejora de la calidad de vida general de todos los súbditos otomanos.

A pesar del relativo éxito de la Tanzimat, el periodo comprendido entre finales de la década de 1830 y mediados de la de 1870 no fue en absoluto fácil para el Imperio otomano, ya que no solo se vio inmerso en una serie de guerras contra sus súbditos y potencias extranjeras, sino que también se encontró con la resistencia interna de los actores conservadores. El problema subyacente de la época de la reorganización fue la falta de fondos, ya que las reformas necesitaban mucho dinero. Las reformas aplicadas contribuyeron al crecimiento económico, pero por muchas ganancias a corto plazo que viera la Corona, a menudo reinvertía el dinero para aplicar otros cambios.

Las rebeliones y guerras internas también plantearon graves problemas a la integridad del imperio. Además de la guerra con el egipcio Muhammad Ali, que desembocó en la autonomía egipcia a principios de 1841, la soberanía otomana se vio aún más desafiada en los Balcanes, donde la ideología paneslava promovida por Rusia experimentó un renacimiento. Motivados por los recientes éxitos de los movimientos nacionalistas griegos y, en menor medida, serbios, estallaron varias revueltas en Bosnia y Montenegro, y los rebeldes recibieron ayuda de Serbia y Rusia. Aunque el poder otomano se restableció finalmente en las naciones rebeldes de los Balcanes a mediados de la década de 1870, la Corona tuvo que hacer importantes concesiones a sus minorías, incluidos derechos de autonomía aún mayores. Al final de la Tanzimat, aunque las regiones cristianas del imperio seguían estando técnicamente bajo el control del gobierno central, actuaban en gran medida como naciones totalmente independientes, aprovechando la limitada autoridad de la Corona en sus territorios.

El Imperio otomano también se vio envuelto en otra guerra con Rusia, que estalló en 1853 a causa de Crimea. Rusia, que se consideraba defensora de la ortodoxia, había aplicado durante mucho tiempo una astuta política exterior de apoyo a las minorías ortodoxas de los Balcanes, que siempre habían supuesto una amenaza para el gobierno otomano. Las tensiones entre ambas partes alcanzaron su punto álgido cuando los otomanos apoyaron las reivindicaciones católicas sobre los derechos de los santos lugares de Jerusalén. Rusia apoyaba a los pueblos ortodoxos y se oponía a Roma. Así, Nicolás I de Rusia invadió Valaquia y Moldavia, controladas por los otomanos, pero estos lograron derrotar a los rusos con la ayuda de los europeos, concretamente franceses y británicos, que enviaron sus flotas al mar Negro para distender la situación.

Aunque los otomanos sufrieron una gran derrota naval contra los rusos en la batalla de Sinope en noviembre de 1853, sus campañas militares conjuntas con franceses y británicos acabaron provocando la caída de Sebastopol, lo que obligó a Rusia a pedir la paz. Sin embargo, a pesar de conseguir la victoria en la guerra, el Imperio otomano no vio ningún beneficio inmediato, aunque la posición de Rusia se debilitó en las regiones disputadas y en el mar Negro.

La reacción al Tanzimat

A pesar de las medidas que se tomaron durante la Tanzimat, el Imperio otomano entró en un periodo muy difícil de inestabilidad en la segunda mitad de la década de 1870. Los problemas financieros del imperio se manifestaron realmente a lo largo de la década de 1870, ya que una serie de acontecimientos desafortunados provocaron el descontento de las masas. En primer lugar, para mantener el ritmo de las reformas y fomentar el crecimiento económico y la formación de nuevo personal burocrático, el Imperio otomano se encontró muy endeudado. Las guerras contra las provincias rebeldes a lo largo de las décadas de 1850 y 1860 solo causaron más dificultades financieras, mientras que la guerra de Crimea no supuso ganancias significativas para el Imperio otomano. Así, la Corona tuvo que pedir varios préstamos extranjeros por valor de millones de libras. La deuda y las desfavorables condiciones climáticas de 1873 y 1874 alteraron aún más a la población.

Además, las revueltas balcánicas recientemente reprimidas aún no habían cesado en su espíritu, y el imperio entró en otra guerra con Rusia en 1877 por el estatus de sus súbditos cristianos en los Balcanes. La principal fuerza otomana fue derrotada en la batalla de Plevna a finales de 1877, lo que obligó a Estambul a pedir la paz. El Tratado de San Stefano, firmado en marzo de 1878 entre otomanos y rusos, obligó al Imperio otomano a renunciar a un control significativo sobre sus posesiones balcánicas y a reconocer la autonomía de Bulgaria y la independencia de Serbia, Montenegro y Rumania. Rusia recuperó el control de los territorios disputados en Anatolia oriental, incluidos Kars, Batumi y Ardahan. Aunque el tratado se revisaría en la Conferencia de Berlín de junio del mismo año con pequeños retoques territoriales, el Imperio otomano quedó muy debilitado por el resultado, ya que perdió el control de aproximadamente el 8% de sus territorios totales y 4,5 millones de súbditos. Bulgaria, que permaneció bajo control otomano nominal, se convirtió en gran medida en un satélite ruso. Austria ocupó y administró Bosnia. Rumania, Montenegro y Serbia, que ahora eran naciones independientes, ganaron nuevos territorios, y Gran Bretaña asumió el control de la isla de Chipre.

Tras la Conferencia de Berlín, los territorios otomanos europeos quedaron reducidos a Tracia, Macedonia y partes de Albania, y las posesiones del imperio se vieron rodeadas de partes hostiles por todas partes. Los europeos también empezaron a cobrar su dinero a los otomanos, lo que condujo a la creación de la Administración de la Deuda Pública Otomana (OPDA, por sus siglas en inglés), que redujo la deuda global, pero aún no podía resolver suficientemente los problemas económicos del imperio. A lo largo de los años, a medida que aumentaba la influencia extranjera en Estambul, la OPDA actuó como algo más que una entidad de control de la deuda pública. En su lugar, empezó a mediar en las relaciones entre las instituciones financieras europeas que pretendían invertir en el Imperio otomano, convirtiéndose ella misma en una institución influyente.

Paralelamente a las luchas otomanas en guerras exteriores e interiores, el imperio conoció una gran expansión de la cultura política a lo largo de la década de 1870, algo que puede atribuirse en parte a los avances en educación. A medida que más y más jóvenes otomanos recibían una educación moderna, viajando y experimentando la vida en otros países europeos, más empezaban a reunirse y a compartir sus ideas entre ellos, llegando a formar sociedades donde podían expresar sus opiniones políticas. Los Jóvenes Otomanos surgieron como la organización más destacada, uniendo a individuos con diferentes creencias innatas y convirtiéndose en uno de los primeros movimientos nacionalistas turcos de la historia. Liderados por Namik Kemal, los Jóvenes Otomanos deseaban la creación de una monarquía constitucional en la que los poderes del sultán estuvieran limitados y controlados por las instituciones descritas en la Constitución. Aunque expresaban su deseo de modernización y su admiración por Europa, los Jóvenes Otomanos no estaban a favor de las reformas de la Tanzimat, por considerarlas demasiado radicalmente occidentales. No querían abandonar las raíces islámicas tradicionales del imperio.

Irónicamente, a medida que los Jóvenes Otomanos ganaban más adeptos y expandían su cultura política, se vieron muy favorecidos por los cambios de la Tanzimat, que permitieron facilitar los medios de transmisión de la información. La Tanzimat ayudó a crear periódicos, desarrollar infraestructuras y aumentar las libertades. Así, en 1876, cuando el imperio se encontraba en un periodo de crisis, las opiniones de los Jóvenes Otomanos eran ampliamente compartidas por los miembros de la corte y la administración. Con la toma de posesión del sultán Abdul Hamid II en 1876, tras un breve dilema sucesorio, el nuevo gabinete de ministros, dirigido por Midhat Pasha, impulsó la aplicación de reformas más conservadoras, entre ellas la elaboración de una constitución.

La Constitución otomana, firmada y promulgada en diciembre de 1876, fue una de las primeras constituciones del mundo islámico. Sin embargo, aunque su premisa había sido la creación de una monarquía constitucional, en la que el poder del soberano estaría limitado por otras instituciones, la Constitución otomana declaró en su lugar la autoridad suprema del sultán, al que también se refería como «kalifa y protector supremo de todo el mundo musulmán». El sultán conservaba sus plenos poderes ejecutivos y podía nombrar a sus ministros y personal. En cuanto a la legislación, se implantó un parlamento bicameral, formado por el Senado (nombrado por el sultán) y la Cámara de Diputados (los representantes serían elegidos cada cuatro años). Así pues, la Constitución otomana de 1876 no despojaba realmente al sultán de sus poderes, pero sí señalaba las funciones del nuevo parlamento.

En conjunto, la Constitución, así como el gobierno de Abdul Hamid II, se consideran en gran medida una reacción a la época de la Tanzimat que los precedió. Las reformas de la Tanzimat, consideradas demasiado occidentales por los Jóvenes Otomanos y muchos de los funcionarios del imperio, fueron seguidas por la Constitución otomana, que no consiguió despojar del poder al sultán, pero sentó las bases para la creación de una monarquía constitucional.

La revolución de los Jóvenes Turcos

Quizás la Constitución otomana de 1876 no consiguió lo que se esperaba, ya que el imperio aún estaba lejos de convertirse en una monarquía constitucional que funcionara correctamente. Sin embargo, el reinado del sultán Abdul Hamid II, que comenzó con la declaración de la Constitución, no debe considerarse como un periodo de mayor decadencia. A diferencia de algunos de sus predecesores, que no habían logrado dirigir competentemente el reino debido a sus luchas personales y a su reticencia a adoptar cambios, Abdul Hamid II consiguió consolidar en cierta medida la posición del imperio. Como sultán con un poder prácticamente ilimitado, se esforzó por preservar la integridad territorial del Imperio otomano tras décadas de inestabilidad interna que habían conducido a la independencia de sus posesiones balcánicas.

De hecho, el reinado de Abdul Hamid II fue testigo de algunas mejoras en el reino. Continuando con la práctica del servicio militar obligatorio, que se había iniciado durante la Tanzimat, Abdul Hamid invirtió mucho en seguir modernizando el ejército otomano. Intentó comprar equipo militar a las potencias europeas, ya que carecía de medios para producirlo en el imperio. Ayudado en su empeño por su gran visir de confianza, Mehmed Said Pasha, el sultán deseaba ostentar un poder absoluto sobre sus súbditos y creó una compleja red de espionaje y una nueva fuerza policial para mantener el orden. La Constitución otomana lo declaraba protector supremo de todos los musulmanes, lo que lo motivó a financiar proyectos que cimentaran su posición como califa. Gracias al desarrollo de las infraestructuras regionales, el sultán pudo aumentar la conectividad en la parte predominantemente musulmana de su reino, construyendo líneas de telégrafo y ferrocarril en el sureste de Anatolia, Siria y Palestina y conectando Damasco con Medina con el crucial ferrocarril del Hiyaz, que se completó en 1908.

Aun así, el sultán era bastante impopular entre los otomanos de mentalidad más liberal, que creían que a menudo abusaba de sus poderes para obtener favores de la población musulmana mientras perjudicaba a sus otros súbditos. El hecho de que hubiera disuelto el parlamento ni siquiera un año después de su introducción y no lo hubiera vuelto a convocar hasta entonces era, sin duda, motivo de gran preocupación. Para ellos, este acto era claramente antidemocrático e iba en contra de la Constitución.

Estas personas también protestaron por la brutal represión de la población armenia. Aunque los armenios habían sido súbditos cristianos leales al imperio, al menos en su mayor parte (a diferencia de las minorías balcánicas, que se habían rebelado en numerosas ocasiones), tras asumir el poder, Abdul Hamid II empezó a despojarlos cada vez más de sus tierras y fomentó la emigración musulmana. Cientos de miles de armenios se vieron obligados a abandonar sus hogares en Anatolia oriental y trasladarse más al este, lo que dio lugar a la creación de movimientos nacionalistas que deseaban resistirse a la supresión. No solo eso, sino que, a partir de 1891, el sultán creó fuerzas policiales musulmanas especiales que persiguieron brutalmente a los armenios por toda Anatolia oriental y el Cáucaso meridional.

La persecución de los armenios coincidió con la pérdida de territorios otomanos en el norte de África, lo que aumentó aún más los sentimientos en contra de los sultanes en las esferas más cultas de la población. En 1881 y 1882, el Imperio otomano perdió su influencia en Túnez y Egipto a manos de franceses y británicos, respectivamente. Estas partes del reino ya funcionaban en gran medida como regiones autónomas, aunque técnicamente seguían bajo la soberanía otomana. Sin embargo, los europeos hacía tiempo que las consideraban sus esferas de influencia y procedieron a ocuparlas en la primera mitad de la década de 1880. Aunque estos territorios estarían formalmente bajo control otomano hasta la Primera Guerra Mundial, la ocupación de Egipto y Túnez por fuerzas británicas y francesas señaló la debilidad del sultán.

Así, desde los primeros años del reinado de Abdul Hamid II, el número de individuos que sentían aversión por el sultán aumentó considerablemente, reuniéndose en forma de sociedades clandestinas y planeando múltiples conspiraciones contra él. Estaba el Comité de Unión y Progreso (CUP), que se consideraba sucesor de los Jóvenes Otomanos y era conocido comúnmente como los «Jóvenes Turcos». El CUP era el movimiento nacionalista turco más destacado y contaba con numerosos partidarios no solo en el imperio, sino también fuera de sus fronteras, como Francia. Los Jóvenes Turcos se reunían con frecuencia en ciudades como París, donde discutían sus ideas sobre su país y publicaban varios periódicos en los que expresaban sus preocupaciones. Aunque algunas de las facciones de los Jóvenes Turcos chocaban ideológicamente, sobre todo cuando se trataba de la implicación europea en los asuntos otomanos, los principales pensadores del grupo estaban todos de acuerdo en que el Imperio otomano debía reformarse de forma significativa. Creían que el sultán poseía demasiado poder y autoridad, que no estaba a la altura del resto del mundo desarrollado. Liderados por destacados exiliados otomanos liberales y conservadores, los Jóvenes Turcos consolidaron poco a poco su poder y ganaron suficiente adeptos entre los ciudadanos de a pie y entre los miembros de los rangos superiores.

Finalmente, en 1908, los Jóvenes Turcos se erigieron en precursores de una revolución, derrocando el régimen de Abdul Hamid II y estableciendo en su lugar una monarquía constitucional tras meses de procesos políticos. Sin embargo, el CUP no instigó una rebelión ni asaltó el palacio de Topkapi para deponer al sultán. En su lugar, los Jóvenes Turcos encontraron la chispa de la revolución entre los miembros del 3.er Ejército otomano, que en aquel momento estaba estacionado en Macedonia. A principios del verano de 1908, liderados por el comandante Ahmed Niyazi y más tarde por el oficial Ismail Enver, la mayor parte del ejército se amotinó, se dispersó por la región y se organizó en bandas de guerrilleros. Derrotaron a todas las fuerzas que el sultán envió para reprimirlo. La razón de su motín no está exactamente clara, pero la mayoría de los historiadores creen que las difíciles condiciones y el duro trato que recibía el ejército hicieron que los hombres se alzaran contra el sultán.

Pronto, el 3.er Ejército logró hacerse con el control de la ciudad de Edirne y se acercó peligrosamente a Estambul. Su número crecía día a día, uniéndose a él gente de diferentes partes del imperio. El 24 de julio, el sultán Abdul Hamid II se dio cuenta de que ya no podía dominar a los revolucionarios y, temiendo ser depuesto, cedió a sus demandas.

Declaración de la Revolución de los Jóvenes Turcos de 1908
https://commons.wikimedia.org/wiki/File:Declaration_of_the_1908_Revolution_in_Ottoman_Empire.png

La relación exacta entre el CUP y los líderes del 3.er Ejército no se ha determinado, aunque se sabe que muchos amotinados tenían opiniones antimonárquicas similares, creyendo que el régimen de Abdul Hamid solo conduciría a una mayor desaparición del imperio. Sus creencias se veían reforzadas sobre todo por la constante pérdida de poder e influencia otomanos en diferentes regiones del reino. Aun así, su principal demanda era la restauración de la Constitución otomana de 1876, con la que el sultán estuvo de acuerdo. Sin embargo, cuando se restableció la estructura parlamentaria bicameral, pronto quedó claro que los revolucionarios no sabían muy bien qué hacer tras hacerse con el poder. No tenían planes para la formación del gobierno. El Senado otomano se reunió por primera vez en más de tres décadas en diciembre de 1908, tras la elección del liberal Kamil Pasha como nuevo gran visir. Se crearon numerosos partidos políticos formados por miembros de las clases bajas, que se presentaron a las elecciones para la Cámara de Diputados, que se reuniría por primera vez en enero de 1909.

La segunda era constitucional

Así comenzó la llamada segunda era constitucional del Imperio otomano, que duraría hasta el colapso del imperio en 1922. Con el parlamento restaurado y los poderes del sultán muy reducidos, Abdul Hamid intentó reunir de nuevo a sus partidarios para intentar resistir a los Jóvenes Turcos. A pesar de una serie de promesas, como restaurar el gran califato islámico y volver al sistema legal de la sharía, los esfuerzos de Abdul Hamid fueron en vano. En abril de 1909, en los sucesos del «Incidente del 31 de marzo» (llamado así por el antiguo calendario juliano), partes del ejército que apoyaban las pretensiones del sultán se sublevaron contra el gobierno de los Jóvenes Turcos e intentaron tomar el poder. Sin embargo, en solo once días, el gobierno central logró restablecer el orden. Los amotinados fueron encarcelados y Abdul Hamid II fue finalmente depuesto. Mehmed V lo sustituyó como nuevo sultán.

Aunque el CUP había restablecido el orden en el imperio, el gobierno seguía estando muy desorganizado. Los Jóvenes Turcos eran, en todos los sentidos, jóvenes e inexpertos a la hora de gobernar un imperio tan vasto que atravesaba un periodo de decadencia. A pesar de sus promesas y esperanzas de salvar al Imperio otomano del colapso total, nada cambió realmente. En las elecciones de 1912, el CUP volvió a ganar la mayoría en el parlamento, pero su éxito se vio ensombrecido por la derrota del Imperio otomano frente a Italia en la costa norteafricana de Libia. Los italianos aplastaron al ejército otomano, que, a pesar de estar muy modernizado, no estaba al nivel de Italia.

Hay que decir que el CUP trató de evitar el conflicto armado en tiempos de crisis y ofreció a los italianos el control de facto de la región, de forma similar a la situación en Egipto (que nominalmente seguía siendo territorio otomano, pero estaba bajo ocupación británica). Sin embargo, la situación se recrudeció en septiembre de 1911 y terminó con una decisiva victoria italiana, algo que humilló al nuevo gobierno de Estambul y actuó como precursor de otro año de inestabilidad en la capital.

La pérdida de territorio frente a los italianos no fue el único problema de política exterior para los otomanos. En 1908, Austria-Hungría procedió a la anexión de Bosnia y Herzegovina, que técnicamente seguían bajo control otomano. Ese mismo mes, Bulgaria, respaldada por el Imperio ruso, declaró su independencia de los otomanos, expulsando casi por completo a los turcos del sureste de Europa. El gobierno de los Jóvenes Turcos no pudo reaccionar con la suficiente rapidez ante estos problemas que amenazaban la integridad territorial del imperio, ya que ambos conflictos coincidían con la lucha por el poder en el imperio.

En la segunda mitad de 1912, los otomanos se vieron envueltos en otra guerra, esta vez contra la coalición de Estados balcánicos de reciente formación: Grecia, Bulgaria, Serbia y Montenegro. Estas naciones habían formado la Liga Balcánica mediante una serie de negociaciones secretas y públicas. En octubre de 1912, justo cuando la guerra otomana con Italia tocaba a su fin, los miembros de la alianza declararon la guerra al imperio uno por uno. A finales de año, consiguieron derrotar decisivamente a las fuerzas otomanas en los Balcanes. Tras lograr múltiples victorias en tierra y mar, la Liga Balcánica obligó a los otomanos a retroceder hasta Estambul, momento en el que los otomanos pidieron la paz y cedieron amplios territorios a las naciones enemigas.

En pocos meses, los miembros de la Liga Balcánica entraron en guerra entre sí, pero el Imperio otomano fue incapaz de aprovechar el caos de la región y se puso del lado de Bulgaria, sufriendo finalmente una nueva derrota. No pudo recuperar los territorios perdidos. Tras un año de conflicto, las negociaciones de paz llegaron a su fin a finales de 1913, y el Imperio otomano perdió casi todas sus tierras europeas, incluidas Macedonia y Albania. El imperio solo conservó el control sobre una pequeña parte del sur de Tracia, que incluía la ciudad de Edirne.

En junio de 1913, el CUP consolidó finalmente su poder tras el asesinato del líder de la oposición, Shevket Pasha, y comenzó a aplicar algunos de los cambios que consideraba necesarios para una mayor modernización del imperio. La reforma administrativa de 1913 abordó las divisiones provinciales dentro del imperio y, con el nuevo sistema, los Jóvenes Turcos pudieron recaudar más dinero a través de los impuestos. El gobierno también intentó modernizar la ley; no abandonó por completo la sharía, pero introdujo nuevos códigos que la antigua ley islámica no abordaba con mucho detalle. Los Jóvenes Turcos promovieron el desarrollo y la industrialización, lo que contribuyó a dar un ligero impulso a la economía. La construcción de varias fábricas nuevas en Anatolia comenzó en la segunda era constitucional. Además, el gobierno liberal también impulsó una mayor liberalización de la cultura social y política del imperio, promoviendo una mayor libertad de expresión y fomentando la creación de periódicos y otros medios de comunicación.

La Gran Guerra

Así, cuando comenzó la Primera Guerra Mundial entre las Potencias Centrales y los Aliados, un conflicto que marcaría la historia del mundo para siempre, el gobierno de los Jóvenes Turcos del Imperio otomano había intentado al menos alcanzar al resto del mundo moderno. A pesar de realizar algunos progresos en lo que respecta a las reformas internas, los Jóvenes Turcos no transformaron el Imperio otomano de arriba abajo como habían deseado en un principio. Las catástrofes de la política exterior de los Jóvenes Turcos habían acrecentado el sentimiento nacionalista turco en todo el imperio, cada vez más homogéneo, ya que cada vez más minorías étnicas escapaban a su soberanía. Otras grandes potencias europeas se referían a menudo al Imperio otomano como el «enfermo de Europa», señalando el hecho de que era un imperio moribundo, incapaz de seguir el ritmo de los tiempos modernos.

El Imperio otomano antes del comienzo de la Primera Guerra Mundial
https://commons.wikimedia.org/wiki/File:Territorial_changes_of_the_Ottoman_Empire_1913b.jpg

Las derrotas del Imperio otomano y la pérdida de tantos territorios antes de 1914 desempeñaron un papel importante en la decisión del gobierno de entrar finalmente en la Primera Guerra Mundial en octubre de 1914. A diferencia de otros beligerantes, los otomanos no habían participado en el conflicto desde el principio (la guerra comenzó en el verano de 1914. El imperio había evitado formar parte de los complejos sistemas de alianzas que unían a las naciones europeas, obligándolas a ayudarse mutuamente en tiempos de guerra. Sin embargo, al igual que durante la segunda guerra de los Balcanes, el Imperio otomano eligió erróneamente a sus aliados, entrando en la guerra del lado de Alemania y Austria-Hungría.

Las razones de esta decisión son múltiples. Los historiadores apuntan principalmente a la influencia alemana en el gobierno otomano, que se cree que decidió en última instancia la entrada de los otomanos en el bando de las Potencias Centrales. Alemania, que era quizás la facción más fuerte en la Primera Guerra Mundial junto con Gran Bretaña, había apoyado al gobierno de los Jóvenes Turcos. Alemania no solo había financiado muchos de los proyectos de infraestructura del Imperio otomano, sino que también había enviado oficiales alemanes para entrenar al ejército otomano según los estándares europeos. Además, al principio de la guerra, los alemanes se embarcaron en ofensivas relativamente exitosas en el frente occidental. Parecía que las Potencias Centrales saldrían victoriosas del conflicto muy rápidamente, algo que finalmente se demostró erróneo, ya que Alemania y sus aliados fueron derrotados tras cuatro años de sangrientos combates.

Sin embargo, en 1914, el alto mando otomano, dirigido por el ministro de Guerra Ismail Enver Pasha (el mismo Ismail Enver que se amotinó en 1908), creía que unirse a la guerra en el bando de las Potencias Centrales permitiría recuperar los territorios perdidos en los Balcanes. Así, el 29 de octubre de 1914, el alto mando otomano ordenó el bombardeo de las ciudades portuarias rusas en el mar Negro, lo que condujo a la declaración de guerra.

Para sorpresa de muchos, el Imperio otomano contribuyó significativamente al esfuerzo bélico, defendiendo sus territorios en muchos frentes diferentes contra las fuerzas de Gran Bretaña, Rusia y Francia. Una vez establecido el punto muerto en el frente occidental, los otomanos consiguieron repeler con éxito la invasión aliada de Galípoli, una de las mayores victorias de las potencias centrales de la guerra. Aunque el Imperio otomano sufrió algunas pérdidas menores, derrotó ampliamente a los rusos en el Cáucaso y detuvo las ofensivas británicas en Oriente Próximo, gracias al apoyo financiero de Alemania. Una mancha sangrienta en el legado del Imperio otomano sería la brutal represión de la población armenia a lo largo de la guerra, ya que las tropas otomanas masacraron a más de un millón de armenios en lo que se ha denominado el genocidio armenio. Alentada por el creciente nacionalismo turco, la opresión de las minorías por parte del Imperio otomano sigue siendo uno de los actos más horribles de la Primera Guerra Mundial.

A pesar de sus éxitos en el campo de batalla, los otomanos cayeron presa de los problemas derivados de librar una guerra larga. Tras el estancamiento inicial, las Potencias Centrales tuvieron dificultades para romper las líneas de trincheras aliadas, por lo que no se produjeron avances significativos. En el frente oriental, gracias en parte a los esfuerzos otomanos y a la Revolución rusa, Rusia se vio obligada a firmar un tratado de paz por separado, pero aun así no fue suficiente para lograr la victoria. Italia y Estados Unidos acabaron uniéndose a la guerra en el bando de los Aliados, proporcionando recursos suficientes para ayudar a abrumar a las Potencias Centrales.

Durante todo este tiempo, la población otomana experimentó duras condiciones de vida, ya que el esfuerzo bélico causó graves problemas económicos. La gente estaba disgustada con el gobierno, que, a pesar de defender en gran medida sus territorios, no había conseguido hacerse con la victoria en la guerra. A medida que los Aliados se acercaban a las Potencias Centrales, la situación se volvía desesperada. Con la caída de Bulgaria a finales de septiembre de 1918, el gobierno de los Jóvenes Turcos se vio obligado a darse cuenta de que la guerra estaba perdida y dimitió el 7 de octubre. Dos días después se formó un nuevo gobierno bajo el mando de Ahmed Izzet Pasha, y las tropas aliadas ocuparon la capital. A finales de mes, los otomanos aceptaron el Armisticio de Mudros, poniendo fin a su participación en la Primera Guerra Mundial.

Disolución del Imperio y surgimiento de Turquía

El derrotado Imperio otomano fue dividido por las naciones aliadas victoriosas, con partes de él ocupadas por Francia, Gran Bretaña, Italia y Grecia. Sin embargo, los términos finales de la paz, que supondrían la pérdida de la mayor parte del territorio del imperio, no serían presentados por los Aliados hasta agosto de 1920. El Tratado de Sèvres redujo las posesiones del Imperio otomano a solo partes de Anatolia. Las provincias de Oriente Medio del imperio fueron repartidas entre Gran Bretaña y Francia, mientras que Grecia poseía el resto de sus territorios europeos. Grecia también controlaba Esmirna y sus alrededores, mientras que Italia ocupaba la costa meridional de

Anatolia. El recién creado Estado soberano de Armenia se hizo con el control de parte de Anatolia oriental, incluidas las ciudades de Trebisonda y Erzurum. Para muchos, los otomanos habían sido los más humillados de las grandes potencias derrotadas.

La humillante partición del imperio amplificó las voces nacionalistas turcas, que protestaban por tan vil división de las tierras otomanas y creían que había sido una intrusión en la soberanía otomana por parte de las naciones vencedoras. Entre los líderes más vociferantes de los nacionalistas turcos se encontraba Mustafá Kemal Pasha, un oficial otomano que se había distinguido por su valentía en diferentes campañas a lo largo de la guerra. Tras la ocupación del imperio por los aliados y antes de la partición oficial en 1920, había sido nombrado inspector general de las fuerzas otomanas en Anatolia y había ganado aún más protagonismo. En mayo de 1919, Mustafá Kemal organizó a los manifestantes de mentalidad nacionalista en un movimiento unido y, a lo largo del verano, trabajó para establecer el Congreso Nacional Turco. Su objetivo era crear una especie de portavoz contrario del gobierno otomano en la Estambul ocupada, al que consideraba indigno de estar en el poder. El Congreso Nacional Turco se reunió dos veces a finales de año, primero en Erzurum y luego en Sivas, donde debatió sus planes y visiones para la liberación turca de las fuerzas de ocupación.

A esto siguió la convocatoria de nuevas elecciones parlamentarias en Estambul en enero de 1920 y la posterior publicación del Pacto Nacional, un documento que esencialmente oficializaba las demandas de los nacionalistas. El pacto exigía el reconocimiento de toda Anatolia como territorio otomano principal y quería que los Aliados cesaran su ocupación. En abril, después de que las fuerzas británicas que ocupaban Estambul sustituyeran al gran visir e intentaran combatir los movimientos nacionalistas y antiextranjeros del imperio, se convocó la Gran Asamblea Nacional en la ciudad de Ankara, donde muchos de los políticos habían desertado para escapar de la ocupación de la capital.

La asamblea nacionalista eligió presidente a Mustafá Kemal Pasha (que más tarde recibiría el sobrenombre de Atatürk, «Padre de los turcos»). Para asegurarse de que la mayoría monárquica de Anatolia los apoyaría, declararon que el presidente y el Congreso actuarían en nombre del sultán hasta que este fuera liberado de la ocupación aliada en Estambul. En ese momento, la Gran Asamblea Nacional seguía siendo técnicamente una estructura cuasi gubernamental que se oponía al gobierno central de Estambul, pero había conseguido ganar tantos adeptos que podía resistir eficazmente a las otras grandes fuerzas del imperio. Tras declarar a los dos rivales históricos de los otomanos — Grecia en el oeste y Armenia en el este— como la principal amenaza para la seguridad del Estado, Mustafá Kemal Pasha organizó un nuevo cuerpo de ejército bajo el liderazgo de Ismet Pasha y le encomendó la tarea de recuperar los territorios perdidos bajo el control de estas dos naciones.

En octubre, las fuerzas nacionalistas se desplazaron hacia el este, capturando las ciudades de Ardahan y Kars a los armenios y obligándolos a firmar el Tratado de Gümrü (también conocido como Tratado de Alejandrópolis) en diciembre, que modificaba las fronteras entre ambos países y devolvía a los otomanos gran parte de los territorios perdidos. El impulso nacionalista turco fue rápidamente reconocido por la recién creada Unión Soviética, que invadió y anexionó las naciones caucásicas de Georgia, Azerbaiyán y Armenia. La Unión Soviética compartía la postura antieuropea del movimiento nacionalista y trató de alejar a las fuerzas aliadas lo más posible de sus territorios.

Así, en marzo de 1921, Mustafá Kemal Pasha aceptó firmar un tratado de amistad con el gobierno soviético, fijando las fronteras entre ambos estados. El tratado también proporcionó a Mustafá Kemal Pasha el apoyo que tanto necesitaba para continuar el esfuerzo bélico. A continuación, se recuperaron los territorios ocupados por los franceses en el sudeste de Anatolia, en la región histórica de Cilicia. Los franceses, que estaban decididos a establecer el control y continuar la ocupación de sus ganancias en Siria, no estaban interesados en disputar a los nacionalistas turcos Cilicia y acordaron renunciar a la región en octubre de 1921.

Entonces, Mustafá Kemal Pasha se volvió hacia el oeste, donde los territorios otomanos habían estado bajo la amenaza constante de Grecia. Habiendo establecido el control de las ciudades de Izmir y Bursa en Anatolia occidental, Grecia confiaba en su capacidad para hacerse permanentemente con las tierras ocupadas. Durante más de un año después del verano de 1921, los nacionalistas turcos defendieron las tierras de Anatolia occidental de los ataques griegos, consiguiendo no solo retener el control de Ankara, sino también recuperar Bursa e Izmir. En septiembre de 1922, las tropas otomanas al mando de Mustafá Kemal Pasha habían destruido a las fuerzas griegas en todas las instancias y obligado a los griegos a evacuar toda Anatolia. Los combates entre ambas naciones cesaron un mes más tarde, después de que los británicos convencieran a los griegos de que abandonaran sus ofensivas en Tracia y mediaran en el Armisticio de Mudanya.

Con casi toda Anatolia recuperada gracias a los esfuerzos de la Gran Asamblea Nacional, los británicos, que seguían ocupando Estambul, se dieron cuenta de que había llegado el momento de poner fin definitivamente a las hostilidades en la región, que persistían desde el final de la guerra. Así, a finales de octubre, invitaron a los miembros del gobierno central de Estambul a participar en las conversaciones de paz en la ciudad suiza de Lausana. Sin embargo, la Gran Asamblea Nacional no estaba dispuesta a dejar que el gobierno central se llevara todo el mérito de haber expulsado a los ocupantes de las fronteras del país. El 1 de noviembre, declaró que el sultán de Estambul ya no era el jefe de la nación turca. En su lugar, Ismet Pasha, el oficial nacionalista de la Gran Asamblea Nacional, llegó a Lausana a finales de noviembre para representar al país.

Mapa de la República de Turquía tras el Tratado de Lausana
https://commons.wikimedia.org/wiki/File:Turkey-Greece-Bulgaria_on_Treaty_of_Lausanne.png

El Tratado de Lausana, que se firmó tras meses de negociaciones en julio de 1923, suele considerarse el tratado final de la Primera Guerra Mundial. Se firmó casi cinco años después del acuerdo de armisticio entre los Aliados y las Potencias Centrales. En el documento, ambas partes se vieron obligadas a hacer concesiones significativas. Según el documento, el gobierno turco renunció a sus reclamaciones sobre sus antiguas regiones de Oriente Medio, la isla de Chipre y algunas de las islas del Mediterráneo. Además, aceptó reconocer los derechos de todas las minorías dentro de sus fronteras, independientemente de su etnia y religión, así como aceptar el control internacional sobre los Dardanelos y el Bósforo. A cambio, conservó la integridad territorial de Anatolia y el control de Estambul y las tierras tracias meridionales circundantes.

Mustafá Kemal Atatürk, presidente de la República de Turquía, en 1932
https://commons.wikimedia.org/wiki/File:Ataturk1930s.jpg

La delegación turca regresó de Lausana y las dos partes se dispusieron a cumplir los términos del tratado. Las últimas fuerzas británicas abandonaron Estambul en otoño de 1923 y emprendieron un largo viaje de vuelta a casa. La Gran Asamblea Nacional dirigió entonces su atención a la familia real, a la que legítimamente acusaba de conspirar con los extranjeros para conservar su posición de poder en el reino. La Gran Asamblea Nacional instó al sultán Abdulmejid II, nominalmente en el poder desde 1922, a abandonar el país. La asamblea abolió el sultanato y envió al exilio a los miembros de la familia real.

En octubre de 1923, la Gran Asamblea Nacional proclamó formalmente la formación de la República de Turquía, con Mustafá Kemal como primer presidente. La capital se trasladó de Estambul a Ankara. El año 1923 marcó el final de la existencia del Imperio otomano. Durante las siguientes décadas, el gobierno turco del presidente Atatürk iniciaría el proceso de desarrollo de la recién nacida república.

El otrora poderoso Imperio otomano fue sucedido así por una república democrática tras más de seiscientos años de existencia.

Conclusión

La historia del Imperio otomano es interesante de estudiar para cualquier persona interesada, ya sea un amante ocasional de la historia o un erudito. Con sus raíces en las guerras santas de los turcomanos musulmanes y su expansión por el dominio de la región, el imperio pronto se convirtió en el Estado más poderoso de Europa en el siglo XVI. Abarcando un vasto territorio desde Budapest hasta Constantinopla, pasando por Bagdad, Jerusalén, El Cairo y Túnez en el apogeo de su poder, el Imperio otomano sigue siendo uno de los más poderosos que han existido en la Europa medieval, y el hecho de que consiguiera durar más de seiscientos años es prueba de ello.

Partiendo de un pequeño principado turco en el noroeste de Anatolia, Osmán y sus sucesores lograron crear un reino sin igual, dominando a sus rivales en todo el mundo. Los sucesores de Osmán contribuirían en gran medida al declive gradual y la disolución final del imperio en el siglo XX. Mientras los otomanos forjaban su identidad en la conquista y la guerra, descuidaron los avances cruciales de principios de la era moderna, lo que provocó la falta de modernización y obstaculizó el avance del imperio. Los sultanes otomanos no fueron los únicos gobernantes que cayeron presa de las dificultades inherentes al control de un imperio tan vasto y diverso. Los Habsburgo y los Romanov —dos de las monarquías rivales de los otomanos— tampoco supieron adaptarse a la evolución del pensamiento político y la cultura, lo que los llevó a una desaparición similar.

Es muy interesante pensar en lo que habría ocurrido si las cosas hubieran ido de otra manera para los otomanos, que partían con ventaja en cuanto a fuerza general en comparación con sus homólogos europeos. El Imperio otomano no solo contaba con el ejército más grande y fuerte del mundo conocido, sino que también era una de las sociedades más avanzadas tecnológica, cultural y socialmente. La vida prosperaba en las grandes ciudades del imperio, donde convivían personas de distintos orígenes. Sin embargo, a partir del siglo XVII, muchos factores externos e internos contribuyeron al colapso del imperio, siendo el menor de ellos la debilidad general de sus sultanes.

No obstante, los altibajos del Imperio Otomano hacen que su estudio resulte muy interesante. El objetivo de este libro era presentar la cronología principal desde la formación del imperio desde sus raíces en Anatolia hasta su eventual disolución tras la Primera Guerra Mundial. La historia del Imperio otomano sigue siendo atractiva y apasionante por muchas razones, y el imperio ha dejado sin duda uno de los mayores legados. Siempre será recordado en los libros de historia.

Vea más libros escritos por Enthralling History

Fuentes

1. Bloxham, D. (2003). "The Armenian Genocide of 1915-1916: Cumulative Radicalization and the Development of a Destruction Policy". Past & Present, 181, 141-191. http://www.jstor.org/stable/3600788.
2. Brown, P. M. (1924). "From Sevres to Lausanne". The American Journal of International Law, 18(1), 113-116. https://doi.org/10.2307/2189228.
3. Clot, André. (2012). *Suleiman the Magnificent.* Saqi. Recuperado el 10 de octubre de 2022.
4. Der Matossian, B. (2014). *Shattered Dreams of Revolution: From Liberty to Violence in the Late Ottoman Empire.* Stanford University Press. Recuperado el 10 de octubre de 2022.
5. Guilmartin, J. F. (1988). "Ideology and Conflict: The Wars of the Ottoman Empire, 1453-1606". The Journal of Interdisciplinary History, 18(4), 721-747. https://doi.org/10.2307/204822
6. Harris, J. (2010). *The End of Byzantium.* Yale University Press. https://doi.org/10.12987/9780300169669.
7. Imber, C. (2002). *The Ottoman Empire, 1300-1650: The Structure of Power.* Palgrave Macmillan.
8. Kedourie, E. (1968). "The End of the Ottoman Empire". Journal of Contemporary History, 3(4), 19-28. http://www.jstor.org/stable/259848.

9. Kia, M. (2008). *The Ottoman Empire* (Ser. Greenwood Guides to Historic Events, 1500-1900). Greenwood Press. Recuperado el 10 de octubre de 2022.
10. Quataert, D. (2005). *The Ottoman Empire, 1700-1922* (2nd ed., Ser. New approaches to European History). Cambridge University Press.
11. ŞAHİN, K. (2017). "The Ottoman Empire in the Long Sixteenth Century". Renaissance Quarterly, 70(1), 220-234. https://www.jstor.org/stable/26560197.
12. Shaw, S. Jay and Yapp, Malcolm Edward (2022, August 23). "Ottoman Empire". Encyclopedia Britannica. https://www.britannica.com/place/Ottoman-Empire.
13. "The Ottoman Empire in the Eighteenth Century". (1992). Turkish Studies Association Bulletin, 16(2), 179-216. http://www.jstor.org/stable/43385332.
14. Wajih Kawtharani. (2018). "The Ottoman Tanzimat and the Constitution". AlMuntaqa, 1(1), 51-65. https://doi.org/10.31430/almuntaqa.1.1.0051.

www.ingramcontent.com/pod-product-compliance
Lightning Source LLC
LaVergne TN
LVHW020354090426
835511LV00041B/3255